DANS LA TÊTE DES HP

DE **H**AUT **P**OTENTIEL
À **H**YPER-**P**RÉFRONTAL

PATRICK **GROS**
JÉRÉMY **MICHEL**

DANS LA TÊTE DES HP

DE **H**AUT **P**OTENTIEL À **H**YPER-**P**RÉFRONTAL

Renaissance du Livre
Drève Richelle, 159 – 1410 Waterloo
www.renaissancedulivre.be

Dans la tête des HP
Édition : Anne Delandmeter
Correction : André Tourneux
Couverture et mise en pages : Martine d'Andrimont | ARTIFICE CONCEPT
Achevé d'imprimer en avril 2022 par l'imprimerie Colorix, Bulgarie.

ISBN : 978-2507-05749-7
Dépôt légal : D/2022/12.763/15

© Renaissance du Livre, 2022
Tous droits réservés. Aucun élément de cette publication ne peut être reproduit, introduit dans une banque de données ni publié sous quelque forme que ce soit, soit électronique, soit mécanique ou de toute autre manière, sans l'accord écrit et préalable de l'éditeur.

À Mathilde, grâce à qui j'ai pu écrire ce livre,
et à mon fils, Pierrick, pour qui je l'ai écrit

Patrick Gros

Au Grand Bonheur, et à celle qui le co-écrit

Jérémy Michel

Table des matières

Introduction — 13
   INTROSPECTION, DÉTECTION, LIBÉRATION — 13
   « J'AURAIS GAGNÉ DU TEMPS » — 17

Chapitre 1 | Le HP : définition(s) ? — 21
   DÉFINITION ET DÉTECTION DU HP — 21
   VERS UNE NOUVELLE DÉFINITION DU HP AU VU DES NEUROSCIENCES — 26

Chapitre 2 | Le modèle ANC des modes mentaux — 29
   LE STRESS COGNITIF — 30
   COMMENT BASCULER ? LES SIX DIMENSIONS OPPOSÉES DU MODE AUTOMATIQUE ET DU MODE PRÉFRONTAL — 33
   LE MODE ADAPTATIF : LE REMÈDE À TOUS LES MAUX ? — 35

Chapitre 3 | L'Hyper-Préfrontal — 37
   LES PRÉSUPPOSÉS DE L'HYPER-PRÉFRONTAL — 37
- L'hyperconnectivité neuronale entraîne une sollicitation plus fréquente de l'intelligence préfrontale/adaptative — 38
- Cette activité de l'intelligence préfrontale est continue — 39

- L'Hyper-Préfrontal est un mode mental hybride dans lequel l'intelligence adaptative et le mode automatique sont actifs en même temps — 39
- L'intervention continue du préfrontal influence tout le fonctionnement du HP — 40
- La méconnaissance du mode Hyper-Préfrontal génère de l'incompréhension avec l'entourage et rend les relations interpersonnelles difficiles — 41
- La méconnaissance du mode Hyper-Préfrontal et de ses conséquences entraîne confusions, fausses croyances et estime de soi fragilisée dans la tête du HP — 42
- Le HP n'est pas une personne ayant des caractéristiques particulières mais un mode mental hybride ayant des conséquences particulières — 44

Du Haut Potentiel à l'Hyper-Préfrontal — 44

Chapitre 4 | Vivre en HP au quotidien — 47

« Je suis hypersensible et je n'en peux plus » — 48
- Le HP, un scénariste hors pair — 51
- Distinguer ce qui relève du fait et ce qui relève de son film — 51

« Je ne supporte pas les pulls qui grattent » — 54

« Intelligent ? Mais je n'arrive pas à nouer mes lacets… » — 56

« Soudainement, j'ai des soucis à l'école (alors qu'avant je n'avais pas besoin d'étudier) » — 62
- Que faire alors pour éviter le décrochage ? — 65

« Intelligent ? Mais je suis parfois à côté de la plaque » — 67

« Parfois mes réponses passent pour de l'insolence et je ne comprends pas pourquoi » — 73
- Comment aider le HP à distinguer réponse insolente et remarque judicieuse ? — 74

« J'AI TENDANCE À COUPER LA PAROLE AUX AUTRES
(QUAND JE SAIS DÉJÀ CE QU'ILS VONT DIRE) » 76

« JE PEUX DONNER UNE RÉPONSE RAPIDEMENT,
MAIS PAS TOUJOURS LE RAISONNEMENT » 78
- Comment expliquer que certains HP y arrivent,
  et même très bien ? 80
- Comment ai-je accompagné Léa, la « tricheuse » ? 81

« JE MANQUE CRUELLEMENT DE MOTIVATION
QUAND LE SUJET NE M'INTÉRESSE PAS » 83
- La motivation à deux vitesses du HP : STOP ou GO 87
- Que faire quand c'est STOP ? 88

« ET MA TENDANCE À PROCRASTINER,
ON EN PARLE OU PAS ? » 93
- L'absence de motivation primaire 93
- La procrastination liée au perfectionnisme 95
- Procrastination et temporalité 96
- Le cas des motivations secondaires tombées en motivations
  velléitaires 97
- Comment lutter contre le syndrome de la « Montagne Floue » ? 98

« JE CHANGE (TROP) SOUVENT DE CENTRE D'INTÉRÊT » 102

« JE VOUDRAIS ENFIN DÉBRANCHER MON CERVEAU :
OÙ EST LE BOUTON "OFF" ? » 110

« JE PENSE TROP : M'ENDORMIR, QUEL CAUCHEMAR » 116

« J'AI PARFOIS L'IMPRESSION DE VIVRE MA VIE
DE L'EXTÉRIEUR » 120

« JE NE COMPRENDS PAS POURQUOI
JE SUIS LE SEUL À (ME) POSER CERTAINES QUESTIONS » 127
- Comment trouver sa place ? 131

« CHOISIR PEUT ÊTRE DIFFICILE (VOIRE IMPOSSIBLE)
POUR MOI » 134
- Les stratégies émotionnelles 134
- Les stratégies dans le mode Hyper-Préfrontal du HP 136

« Débugger ses stratégies : comment sortir
des boucles dans les raisonnements ? »   139

« Comment fait-on pour devenir
comme les autres ? »   142

Conclusion |
De Haut Potentiel à Hyper-Préfrontalité :
« faire voler les étiquettes en éclats »   147

Remerciements   151

Introduction

Introspection, détection, libération
Patrick Gros

Je me suis souvent perdu dans les méandres de mon cerveau. Le GPS constamment en panne, j'allais dans toutes les directions et aucune à la fois. Il m'arrivait de tourner en rond ou de partir si loin que personne ne savait où j'étais. Dans mon monde, il ne pouvait pas exister un seul trajet, et surtout il m'était impossible de prendre mécaniquement deux fois le même chemin, sans m'interroger sur la pertinence de ce choix. Chaque pas était une remise en question perpétuelle.

Quand la plupart de mes copains prenaient des autoroutes toutes tracées, je me dépatouillais dans mes chemins de traverse, jalonnés de mille et une pensées sur l'intérêt de ce parcours, tout en jalousant l'assurance de mes amis à garder le cap sans en dévier ni le questionner.

Je ne me sentais pas comme eux. Ils m'acceptaient, mais comme on donne le couvert à l'étranger qui frappe à la porte un soir d'hiver. Je n'appartenais pas à leur clan, je n'arrivais pas à accéder à leurs codes, je ne les comprenais pas et, pis encore, je ne me comprenais plus.

Il m'est arrivé tant de fois d'implorer mon cerveau de devenir « normal », de ressembler aux autres, de mettre un terme à cette différence, de trouver LA voie dans mon océan de nuances. Leurs vies semblaient si douces, si paisibles tandis que la mienne me secouait dans des montagnes russes interminables. J'étais toujours affublé de ce cerveau bouillonnant qui ne cessait de m'interpeller, de me parler, de me questionner, de me réveiller, de me blesser, de me solliciter, de me héler, de m'appeler, de me gratter... sans jamais pouvoir le stopper ! J'avais mal, mal à m'en arracher les neurones.

Le regard posé sur moi par ma famille, mes proches, mes professeurs, mes collègues... et finalement tous ceux que je croisais, commençait à refléter mes souffrances. Je n'arrivais pas à m'expliquer ni à leur expliquer pourquoi je réagissais comme cela. Pourquoi chaque geste ou chaque parole faisaient l'objet d'analyses infinies, de raisonnements et contre-raisonnements et d'une remise en cause constante de ce qui était établi. J'entendais souvent à la maison : « Quand vas-tu cesser de te torturer et de nous ennuyer avec tes questions et ton comportement ? Tu es de plus en plus bizarre. Nous allons finir par te prendre un rendez-vous chez le docteur. » Ce n'est pas d'un médecin dont j'avais besoin mais plutôt d'un mode d'emploi. Quelque chose qui me permettrait de comprendre mon fonctionnement ou qui je suis, d'expliquer pourquoi je fais ce que je fais et pourquoi je pose ces questions. J'avais besoin d'apprivoiser mes pensées, mes émotions et mes actions. Après tout, il existe bien des notices pour les grille-pain ou les réveils. Mais pour moi, je n'en trouvais pas. Et si de mode d'emploi il n'y avait point, je ne devais pas être normal...

Pendant de longues années, j'ai cherché à comprendre comment arrêter mon cerveau et, n'y parvenant pas, à lui proposer une brève pause ou un armistice le temps d'une paix passagère, ou mieux encore à co-créer un bouton on-off. En vain.

Je n'étais pas comme les autres, sans savoir pourquoi. Je m'accommodais difficilement de ce cerveau en ébullition constante. Il fallait bien vivre avec, alors nous cohabitions. Avec ses hauts et ses bas. Je jouais parfois avec lui pour m'en échapper, il se jouait de moi pour me rattraper. J'avais pris perpétuité, jusqu'au jour où...

Quarante ans venaient de sonner à mon horloge. D'errements en certitudes, j'avais construit ma vie. Parfois curieux, de temps en temps taiseux, je m'expliquais facilement des choses qui paraissaient compliquées pour autrui. Je passais aussi des heures bloqué sur un exercice quand d'autres l'achevaient en deux minutes. J'adorais me plonger dans le fonctionnement des microprocesseurs puis découvrir, le jour suivant, les différentes façons de faire voler un hélicoptère. Je m'engouffrais dans le montage de maquettes puis, à peine achevées, j'écumais, à la vitesse de la lumière, les informations sur la vie des éléphants d'Afrique ou m'attelais à des puzzles composés de plus en plus de pièces. Pour autant, je pouvais rester coi devant une simple porte à ouvrir ou passer des heures à effectuer des recherches sur internet pour l'achat anodin d'un tabouret.

C'est d'ailleurs en cherchant sur le web un livre sur la cuisine vietnamienne, qu'à la 1.247ᵉ page ouverte, je suis tombé sur une publicité invitant à passer un test WAIS-IV[1]. Interloqué par le nom, qui aurait pu être celui d'un vaisseau spatial, j'ai continué à cliquer pour m'informer. Sans vraiment discerner encore aujourd'hui ce qui m'attirait dans cette annonce, je trouvais amusant de passer ces épreuves. Conforté par mon médecin, je m'y suis inscrit. Je n'ai pas été déçu.

Je me souviendrai longtemps de cette phrase prononcée au moment où l'on me tendait la feuille de résultats : « Vous êtes ce que l'on appelle un Haut Potentiel, un HP[2]. »

Je ne savais pas encore exactement ce que c'était. Au moins j'étais, enfin, quelque chose ou quelqu'un de répertorié, de connu. Je m'étais senti si seul jusqu'à ce jour et ce test me révélait des données pour décoder ma personnalité. Ce n'était pas encore le mode d'emploi tant espéré mais au moins ma caractéristique figurait dans un manuel.

J'étais passé à côté de cela pendant quatre décennies. Combien de nuits sans sommeil aurais-je pu éviter, combien de jours de doute aurais-je pu m'épargner ? Ce test me guidait vers la lumière, comme s'il venait d'installer un nouvel éclairage dans ma tête. Pour l'une des premières fois, je respirais calmement, presque apaisé.

---

1 WAIS-IV – Échelle d'intelligence de Wechsler pour adultes.
2 Tout au long de ce livre, le terme « haut potentiel » ou « HP » est utilisé de façon générique pour faciliter la lecture. Il est autant féminin que masculin. Il est évident qu'aucun humain n'est la copie d'un autre et donc que chaque HP a sa propre identité.

Cela a été une révélation, une libération. Comprendre enfin que j'étais, certes, différent mais que ce n'était pas grave. Quel bonheur ! Quel soulagement ! Je vous rassure, mon cerveau tournait en ébullition, peut-être même plus encore que d'habitude. Les questions ne s'interrompaient pas, mais elles me paraissaient, soudainement, « normales ». Paradoxalement, je n'ai probablement jamais paru plus décalé que ce jour-là. Pris dans le tourbillon de cette (re)naissance, je répétais en continu et à haute voix dans la rue « je suis comme vous, je suis comme vous… je ne suis pas fou, je suis haut potentiel ». J'étais toujours le même homme mais j'empruntais enfin le chemin de la compréhension de mon fonctionnement interne.

Je n'avais pas encore mon mode d'emploi mais je réalisais que je pouvais me regarder différemment. Je recevais l'autorisation de ne plus me penser « cassé ». Et j'apprenais que je n'étais pas seul. J'allais donc élaborer mon propre mode d'emploi et, mieux, j'allais aider d'autres à découvrir le leur. J'avais trouvé ma mission de vie. Dans la foulée, j'ai changé de profession, je suis devenu coach et j'ai pris l'engagement d'amener les HP[3] et leur entourage à mieux se comprendre. Ce livre s'inscrit tout naturellement dans mon cheminement.

Je me suis fondé sur mon expérience personnelle et ma pratique de coach pour développer un modèle inédit de compréhension du fonctionnement des HP, basé sur la programmation neuro-linguistique (PNL)[4] et les neurosciences.

Mon objectif est de proposer une nouvelle grille de lecture du HP et de son cerveau, afin qu'il puisse trouver des pistes pour apprivoiser son mode de fonctionnement et piloter son intelligence.

Mon modèle, présenté dans ce livre, vise à lutter contre les étiquettes en ce qu'elles privent la personne de sa responsabilité et

---

3   Pour faciliter la lecture, HP sera utilisé en place de « haut potentiel » tout au long de ce livre.
4   La PNL, ou programmation neuro-linguistique, est un outil de développement personnel et d'accompagnement au changement élaboré dans les années 1970 aux États-Unis par John Grinder et Richard Bandler.

de son pouvoir d'agir. Être HP n'est ni une condamnation ni une absolution. Ce modèle a donc pour vocation de balayer des préjugés encore trop prégnants sur les HP, comme ceux liés à leur pensée en arborescence, leur hypersensibilité et leur procrastination.

Le monde est rempli de HP heureux et mon présupposé est que la clé pour en faire partie est de se comprendre soi-même pour pouvoir agir en conséquence.

Si ce livre contribue en plus à ne plus confondre identité et comportement, à évacuer certaines croyances bloquantes et à aller vers plus d'harmonie avec soi-même et les autres, ce sera ma cerise sur le gâteau.

« J'aurais gagné du temps »

Jérémy Michel

Il y a des rencontres plus importantes que d'autres. Des hasards qui font parfois bien les choses. Je n'étais à la recherche de personne, et pourtant j'ai trouvé ce qui me faisait défaut depuis tout petit sans le savoir : une explication, une compréhension de mon fonctionnement.

Patrick et moi étions tous les deux en formation de coaching et, au détour d'une conversation, je lui ai parlé de ma façon d'appréhender certaines situations de la vie quotidienne, somme toute banales, en lui faisant part de mes questionnements, tout en lui affirmant que « tout le monde faisait comme ça ».

Je me souviendrai toute ma vie de son regard, de ses yeux percutant mon cerveau, de ses mots qui venaient s'engouffrer dans mes veines quand, après m'avoir écouté, Patrick m'a répondu : « Non, Jérémy, tout le monde ne réagit pas de cette façon », en me donnant quelques exemples que vous trouverez dans ce livre.

D'un coup, mon passé est remonté : mon incapacité à faire mes lacets jusqu'à l'âge de 15 ans, âge où j'ai commencé à subir mes premiers échecs scolaires. Je me suis remémoré mon enfance et l'ensemble de ces règles que tous semblaient connaître sauf moi ; les engueulades pour mon insolence ; mes difficultés à expliquer certaines choses ; mes envies continues de pratiquer différents sports ; mon incapacité à choisir ; ces nuits entières passées à faire ce que j'aimais et mon inertie devant des actions que je jugeais sans intérêt. Je me suis souvenu de mes liens d'amitié avec des personnes toujours plus âgées que moi, de mes difficultés à m'endormir, de mon impossibilité à me sentir à l'aise dans certains endroits, de ces reproches que j'entendais à « vouloir aller plus vite que la musique », des regards sur moi quand je posais trop de questions, et surtout… de ce cerveau qui ne s'arrête jamais de me parler !

Me sentant troublé dans cet échange avec Patrick, j'ai insisté en lui affirmant que cela devait être pareil chez tout le monde, que le cerveau de tous était toujours branché sur ce qui se passe, s'est passé et/ou se passera. Qu'il était inconcevable de ne pas regarder autour de soi… bref d'être toujours en mouvement cérébral ! Penser, c'est vivre, non ?

Poussés par ma curiosité et entraînés par sa vision du HP, nous avons mis en commun nos réflexions et nos idées, nous entraidant et mobilisant nos forces respectives. Patrick a développé son modèle à l'épreuve de nos expériences personnelles et professionnelles. Ce livre est le résultat de ces échanges.

Patrick avait de l'avance sur moi. Il a, comme évoqué dans son introduction, été détecté HP il y a quelques années. De mon côté, lors de nos séances de recherche, de mises à l'épreuve de son modèle et d'écriture, j'ai pris peu à peu conscience de l'existence de l'Hyper-Préfrontalité et cela a été pour moi l'occasion d'un nouveau départ, l'acquisition d'une nouvelle boussole. J'arrive à concevoir que tout le monde ne pense pas (forcément) comme tout le monde.

Je ne sais pas ce que c'est d'être HP, je ne le suis d'ailleurs peut-être pas. Je n'ai pas fait de test de QI et j'ai tellement la trouille de me planter que je n'en passerai pas. Et d'ailleurs pourquoi en passer un puisque je me sens maintenant à l'aise dans des situations qui, jusqu'à cette rencontre avec Patrick, me causaient troubles, angoisses et questionnements sur moi.

Travailler ensemble sur ce projet m'a lavé de beaucoup d'inquiétudes, m'a nettoyé de nombreuses images négatives en faisant notamment disparaître ma perception de n'être qu'un nul, un imbécile ou un fou. Ce modèle, à l'épreuve de ma vie, m'a apporté de la sérénité, de la confiance et a renforcé mes liens avec ma femme et mes enfants, dont un a été détecté HP. Il ne serait pas surprenant, me dit-on, que les deux autres se retrouvent aussi dans les lignes qui précèdent et qui suivent.

À la lecture de ce livre, je vous souhaite de vivre cette même expérience. Si j'avais eu la chance de connaître ces modes de fonctionnement plus jeune, d'apprivoiser plus tôt l'Hyper-Préfrontalité, ma vie et celle de mon entourage en auraient été simplifiées, apaisées. J'aurais gagné du temps et, surtout, je me serais mieux aimé.

Chapitre 1
Le HP : définition(s) ?

Définition et détection du HP

À l'origine, la définition du Haut Potentiel se résumait à un score de 130 ou plus au test du Quotient Intellectuel[5]. Les HP représentaient les 2 % de la population les plus « intelligents », une caste qui ne pouvait que réussir. Vu sous cet angle, seul un manque de travail, de motivation ou de sérieux pouvait mettre un HP en situation d'échec et lui seul pouvait en être tenu pour responsable.

Ces vingt dernières années, des psychologues ou autres coachs se sont de plus en plus vu adresser des enfants en situation d'échecs scolaires malgré un QI supérieur à 130. Ils ont donc, sur la base de leur travail, développé une nouvelle approche[6], définissant alors le HP non seulement comme ayant un QI supérieur à 130 mais aussi ayant un « mode de fonctionnement différent ».

Ce mode de fonctionnement comprenait, par exemple, la tendance à la procrastination, l'hypersensibilité ou encore une estime de soi fragilisée par ses échecs scolaires. En somme, il s'agissait d'une liste de caractéristiques qui amenaient alors incompréhension et malheur dans la vie du HP.

Dès lors, être HP ne prémunit plus de l'échec scolaire mais en devient même une cause. Or cette approche ne pouvait qu'être biaisée : la casuistique entraîne une généralisation du HP en tenant compte

---

[5] C'est Wilhelm Stern, psychologue allemand (1871-1938), qui a inventé le terme de « quotient intellectuel » en 1912.
[6] *L'enfant surdoué : l'aider à grandir, l'aider à réussir*, par Jeanne Siaud-Facchin, Paris, Odile Jacob, 2002.

des cas dont les problématiques les amènent à solliciter l'aide des spécialistes. Elle ne prend pas en considération d'éventuels HP qui ne se trouveraient pas en situation d'échec et qui n'auraient donc jamais été reçus en consultation.

Ce courant a ensuite encore évolué pour ne garder, comme critère de détection du HP, que le mode de fonctionnement différent, sans tenir compte du résultat au test de QI.

> **Test de QI ou pas ?**
>
> Écarter le test de QI des critères de détection du HP n'est pas dénué de sens mais pas sans danger non plus.
>
> S'agissant du seul outil quantitatif et standardisé connu pour évaluer le fonctionnement cognitif, le test de QI permet une certaine forme d'objectivité dans la détection du HP.
>
> C'est pour cette raison que ces tests servent toujours de base pour les institutions dans les procédures de reconnaissance de besoins scolaires spécifiques par exemple.
>
> Néanmoins, un test de QI reste un test auquel le HP n'est pas à l'abri de sous-performer, globalement ou en partie, justement, nous le verrons plus loin, en raison de son mode de fonctionnement.
>
> En outre, ne pas tenir compte de cette part subjective du vécu du HP en exigeant un test de QI avant toute reconnaissance de ses besoins revient, pour une institution comme un établissement scolaire, à ne donner un mouchoir à un élève qui pleure qu'après réception de l'avis de décès de son grand-père.
>
> Si un résultat homogène supérieur à 130 peut être un indicateur fiable d'un mode de fonctionnement différent, un score inférieur ou considéré comme trop hétérogène ne doit pas *de facto* exclure la possibilité de se trouver face à un HP.

En excluant le test de QI, ce courant ne garde donc qu'une liste de caractéristiques générales qu'un entretien qualitatif permettrait de reconnaître chez une personne afin de déterminer si, oui ou non, elle entre dans la « case » HP.

La définition du HP se confond alors avec ces caractéristiques plus ou moins communes. Ce ne sont pourtant que des indices, des premières possibilités de détection pour éveiller une attention particulière si certaines attitudes se répètent ou si elles deviennent problématiques.

> CARACTÉRISTIQUES DU HP
>
> L'organisme « Haut Potentiel Québec »[7], par exemple, propose cette liste de caractéristiques :
>
> « *Sur le plan intellectuel*, on retrouve souvent plusieurs des éléments suivants :
>
> - une grande curiosité,
> - une grande capacité d'attention sur les sujets qui l'intéressent,
> - un langage élaboré, structuré, dès le plus jeune âge : ils n'ont pas ou très peu « parlé bébé »,
> - un intérêt pour les jeux qui demandent de la réflexion,
> - l'envie d'apprendre à lire avant l'âge « classique »,
> - un grand intérêt pour les questions métaphysiques : la vie, la mort, l'Univers, les dinosaures…,
> - un grand intérêt pour les lectures « encyclopédiques »,
> - un changement rapide des champs d'intérêts dès qu'ils sont maîtrisés ou une fois dépassé le point de compétence,
> - une grande mémoire,
> - un grand sens de l'observation et du détail,
> - une pensée créatrice, divergente qui pourrait générer un manque d'organisation.

---

7   Fondé en 2012, le « Haut Potentiel Québec » est un organisme à but non lucratif dont les membres sont des familles d'enfants doués, des jeunes adultes doués (18-35 ans) et des professionnels ayant un intérêt pour la douance. Voir www.hautpotentielquebec.org.

Sur le plan affectif ou émotionnel, on recense chez le HP plusieurs des facteurs ci-après :

- une très grande sensibilité émotionnelle face à l'injustice, aux reproches, à l'échec,
- une tendance à la négociation, due notamment à un profond besoin d'équité,
- une hyperesthésie des sens, qu'elle soit visuelle, auditive, olfactive...,
- une motivation liée à l'intérêt,
- un besoin de sommeil inférieur à la moyenne,
- un sens de l'humour parfois particulier,
- une grande empathie,
- des peurs non « conventionnelles » pour leur âge, comme la peur de la mort vers 3 ans ou celle de la fin du monde car le soleil explosera un jour,
- une préférence pour lier des amitiés avec des enfants plus âgés ou des adultes,
- une faible tolérance à l'autorité « brute » ; ces personnes demanderont sans arrêt la justification d'une règle surtout si elle n'a aucun sens à leurs yeux,
- un esprit critique très développé,
- un perfectionnisme qui apporte doute, peur de l'échec et/ou procrastination.

Sur le plan scolaire, on remarque souvent des traits communs repris ci-dessous :

- une absence apparente de méthodologie ; par exemple les enfants préfèrent utiliser « leur » méthode et pas les méthodes scolaires et ils auront besoin d'aide sur ce point,
- une grande capacité ET rapidité d'apprentissage ; le besoin de répétition est faible ou inexistant,
- de possibles difficultés en calligraphie (surtout chez les garçons),
- une forte résistance à l'apprentissage dit « par-cœur »,

- un ennui (rêverie ou agitation) qui peut être confondu avec du TDA(H)[8] alors que l'attention est présente,
- une difficulté à justifier un résultat, à argumenter ; ces personnes voient mentalement, mais éprouvent de grandes difficultés à expliquer leur raisonnement, leur réflexion,
- des résultats en dents de scie : à l'école, cela pourra être en fonction des matières, des enseignants (liés à l'affectif),
- une excellente expression orale pour un écrit « catastrophique ».

Un HP possède rarement toutes ces caractéristiques et une personne qui présenterait ces signes peut aussi ne pas être HP.

Devant tant d'incertitudes et d'imprécisions, la détection s'avère alors éminemment subjective.

Devant une liste de descriptions aussi génériques, un peu comme un horoscope qui semble coller à tout un chacun, il est possible de se fourvoyer. Le risque est grand d'étiqueter, soi ou son enfant par exemple, HP au moindre signe de procrastination, d'échec scolaire ou d'hypersensibilité (notion elle-même également subjective).

À l'inverse, le HP en questionnement sur son identité pourra se dire que ces caractéristiques sont présentes chez tout le monde et en conclure qu'il n'est pas plus HP que n'importe qui.

Ce flou en termes de définition et de détection, combiné à l'ultramédiatisation de la notion du HP ces dernières années, remplit les rues et les réseaux sociaux de HP parfois erronément autoproclamés et de HP qui s'ignorent.

---

8 Trouble du déficit de l'attention avec ou sans hyperactivité.

> **À BAS LES ÉTIQUETTES !**
>
> Être HP (ou se croire HP, et/ou se trouver dans des situations de questionnement) n'est ni une condamnation à souffrir, ni une absolution, une excuse à réagir n'importe comment, n'importe quand, avec n'importe qui, en famille, en société, au travail ou ailleurs. Le HP ne dispose pas automatiquement d'un ticket gagnant pour vivre mieux, mais il n'a pas non plus vocation à être mal dans sa peau. Il aspire à être lui-même, avec ses qualités et ses défauts, avec ses atouts et ses faiblesses, avec ses apprentissages, ses expériences et ses croyances.

Vers une nouvelle définition du HP au vu des neurosciences

Les définitions du HP que l'on trouve dans la littérature se bornent le plus souvent à constater les effets externes d'un mode de fonctionnement particulier, les caractéristiques du HP.

Aucune n'en explique l'origine et encore moins ses rouages internes en répondant à la question de ce qui se passe réellement dans la tête du HP entraînant ces caractéristiques.

Le HP aurait une pensée en arborescence ? Pourquoi et qu'est-ce que cela signifie exactement ? Pourquoi un QI de 134 impliquerait-il hypersensibilité et/ou procrastination ? Pourquoi un HP, considéré comme intelligent, raterait-il à l'école ?

Les avancées en neurosciences et en imagerie cérébrale ont permis de mesurer, chez le HP, une plus grande connectivité neuronale, notamment dans le cortex préfrontal.

L'Approche neurocognitive et comportementale (ANC) créée par le Dr Jacques Fradin[9] permet de mieux connaître le fonctionnement du cerveau. Les travaux de l'ANC combinent l'étude du cerveau et celle du comportement pour comprendre, par exemple, nos modes de pensées, nos motivations, nos émotions et nos comportements.

Cette approche met notamment en avant deux types de réactions[10] du cerveau, deux modes mentaux que sont le mode mental Automatique et le mode mental Adaptatif. Le premier, situé dans la partie néo-limbique du cerveau, gère les situations simples et/ou connues. Le second, situé dans le cortex préfrontal, est sollicité lorsque nous sommes confrontés à des situations complexes ou inédites.

L'hyperconnectivité neuronale mesurée dans le cortex préfrontal du HP nous permet de postuler un troisième mode mental hybride, alliant automatique et préfrontal : le mode Hyper-Préfrontal.

C'est ce mode Hyper-Préfrontal hybride qui fonde le modèle présenté dans ce livre et dont l'objectif est de comprendre le fonctionnement du HP de l'intérieur, tout en proposant des pistes pour permettre d'agir.

Pour pouvoir appréhender cette nouvelle grille de lecture, il convient d'abord de se familiariser avec la description faite par l'ANC des modes mentaux.

---

9   Docteur en médecine, spécialiste des neurosciences, Jacques Fradin est le fondateur de l'Institut de médecine environnementale, situé à Paris, et l'initiateur de l'Approche Neurocognitive et Comportementale.
10 D'autres travaux utilisent le terme « deux types d'intelligence ».

Chapitre 2
Le modèle ANC des modes mentaux

L'Approche neurocognitive et comportementale (ANC) met en avant quatre grandes gouvernances à l'intérieur du cerveau :

- Le *reptilien* répond aux instincts de survie individuelle. Lorsqu'il détecte un danger, il réagit instinctivement en sortant de son état calme et enclenche une des trois réactions dont il dispose, les trois formes de stress : la fuite, la lutte ou l'inhibition de l'action.
- Le *grégaire*, situé dans le paléo-limbique, gère instinctivement les rapports au sein du groupe. La place qu'occupe un individu au sein d'un groupe dépend de la confiance instinctive qu'il a envers les autres et en lui-même. Sans manque ou excès particulier, l'individu pourra agir avec assertivité dans le groupe. En cas de manque ou d'excès de confiance en lui-même, celui-ci prendra plutôt une place de soumission ou de dominance. Un manque de confiance dans les autres membres du groupe rendra l'individu plutôt marginal, alors qu'en excès cette confiance le positionnera comme « intégré ».
- La *gouvernance émotionnelle* est située dans la zone néo-limbique du cerveau. Contrairement aux deux précédentes gouvernances, elle n'est pas instinctive mais consciente. Elle se nourrit de nos apprentissages et expériences, par le mécanisme d'essais/erreurs ou de punitions/récompenses. Elle est la source de nos motivations, de nos croyances et de nos valeurs. Il s'agit du mode mental

automatique[11], le mode mental idéal quand il s'agit de gérer les situations simples et/ou connues.

- Ces trois gouvernances sont présentes chez tous les êtres vivants. Mais l'évolution a permis à l'être humain de développer une autre forme de réflexion, une quatrième gouvernance :
- Le « Mode Mental Adaptatif », appelé aussi *Intelligence Préfrontale*, s'active face à une situation complexe et/ou inédite. Ce mode amène la prise de recul, fait appel à toutes les connaissances de l'individu pour analyser la situation et choisir, voire inventer, la solution la plus appropriée.

Toutes ces gouvernances, ces états d'esprit ont leur utilité en fonction du contexte. Dans un monde parfait, un groupe bien organisé est composé de leaders, grâce au grégaire. En cas de danger, chaque individu pourra fuir, se battre ou faire le mort et ainsi assurer sa survie. Au quotidien, chacun vaque efficacement à ses occupations ordinaires grâce au mode mental automatique tandis que l'analyse préfrontale permet à l'Homme de s'adapter à son environnement dans les situations plus complexes.

Simple comme bonjour.... Pas tout à fait.

Le stress cognitif

Il arrive que le mode mental automatique ne perçoive pas la complexité de certaines situations et continue à les gérer seul.

Le cortex préfrontal envoie alors un signal pour reprendre la main vers la seule zone du cerveau avec laquelle il a un lien direct et peut communiquer, à savoir le « reptilien ».

---

11 Dans ce livre, le mode mental automatique pourra être entendu plus largement, incluant également, en plus de l'émotionnel, le reptilien et le grégaire.

Le reptilien qui reçoit ce signal n'a que trois leviers différents pour réagir : les trois formes de stress que sont la fuite, la lutte ou l'inhibition de l'action.

Ce stress, déclenché hors danger, est ce que l'on appelle le stress cognitif. Il provient d'un « recrutement inapproprié du mode mental automatique »[12].

95 % du stress ressenti dans nos sociétés modernes est en fait du stress cognitif. Pour en sortir, il y a logiquement lieu de rendre la main à l'intelligence préfrontale en opérant ce que l'ANC appelle « la bascule ».

> ### En cas de stress, la bascule
>
> À l'école
>
> *Du mode automatique...*
>
> J'apprends par cœur ma leçon d'histoire. Je connais à la perfection les dates et les lieux. Depuis le début de l'année, mon professeur propose toujours le même type de contrôle. Or, un jour, il décide de changer ses questions. Plutôt que de demander des dates et des lieux, il nous les communique et appelle les élèves à réfléchir aux conséquences d'un enchaînement d'événements historiques. À la lecture de l'intitulé, je vais stresser, car j'ai lu l'énoncé avec mon mode automatique.
>
> *... au mode adaptatif*
>
> Pour pouvoir répondre à la question du professeur, ce stress m'informe que je devrais passer en mode adaptatif pour appeler mon cerveau à la réflexion. Si je reste en mode mental automatique, je me bloque et j'aurai sans doute une mauvaise note.
>
> Si, au contraire, j'arrive à mobiliser mon cortex préfrontal, je m'ouvre à l'analyse, je range plus facilement mes connaissances

---

12 *L'intelligence du stress*, par Jacques Fradin, Paris, Eyrolles, 2008.

dans un ordre qui me permet de les utiliser à bon escient, je respire mieux, je ne m'inquiète plus de la scène que je vis, et j'obtiendrai certainement une bonne note. Le trait est à peine forcé pour expliquer ce mécanisme.

Au bureau

Du mode automatique…

Lors des réunions de service au bureau, mon supérieur me demande toujours de préparer un écrit sur les sujets en cours. Un matin, 30 minutes avant la réunion hebdomadaire, il m'informe que le point habituel par écrit se transformera en une présentation orale de ma part de 5 minutes ! Je me mets à stresser tout de suite.

… au mode adaptatif

Basculer en mode mental préfrontal me permettra d'accepter le changement et de mobiliser mes ressources pour me préparer au mieux et gagner en sérénité.

L'enseignement fondamental est qu'il n'y a pas de situations stressantes en soi mais que chaque personne est plus ou moins stressable en fonction des contextes. Basculer vers la gouvernance préfrontale permet de diminuer la stressabilité et de vivre les mêmes événements avec un état d'esprit différent.

Comment basculer ?
Les six dimensions opposées du mode automatique et du mode préfrontal

La gestion du stress n'est pas l'objet de ce livre et l'ANC regorge d'outils de gestion des modes mentaux, que l'on ne saurait que trop conseiller.

Néanmoins, cette gestion des modes mentaux (ou GMM) utilise des notions et concepts qui sont à la base de la nouvelle définition du HP. Parmi les plus fondamentaux se trouvent les six dimensions dans lesquelles mode mental automatique et mode préfrontal fonctionnent de manière diamétralement opposée.

Tableau 1. Les six dimensions opposées du mode automatique et du mode préfrontal

Mode automatique	Mode préfrontal
Routine	Curiosité, ouverture
Rigidité, persévérance	Souplesse, acceptation
Binaire	Nuance
Certitude	Relativité
Empirisme	Réflexion
Image sociale	Opinion personnelle

Routine – Curiosité
La routine de l'automatique, c'est l'attrait pour l'habitude, le connu, la tradition, alors que la curiosité préfrontale s'ouvre à la nouveauté, l'imprévu, la créativité.

Rigidité – Souplesse
La rigidité, c'est la règle, le principe, le contrôle. Quant à la souplesse, c'est l'acceptation et la flexibilité.

Binaire – Nuance
Le binaire, c'est la dichotomie, le bien ou le mal, le blanc ou le noir, alors que la nuance propose de la variété, de la subtilité et voit le monde tout en dégradés de gris.

Certitude – Relativité
La certitude, c'est la croyance absolue, la conviction, la seule vérité possible, tandis que la relativité sait qu'un point de vue reste une position parmi d'autres. La relativité apporte le recul, l'analyse et permet la remise en question.

Empirisme – Réflexion logique
L'empirisme, c'est le concret, le résultat, le goût pour les recettes qui marchent sans se préoccuper de pourquoi elles marchent. La réflexion s'appuie sur le questionnement, l'analyse, la recherche et la compréhension des mécanismes intrinsèques des choses.

Image sociale – Opinion personnelle
L'image sociale, c'est l'attachement prioritaire au regard des autres, au jugement d'autrui, à la perception du groupe. En revanche, l'opinion personnelle du préfrontal permet d'assumer son point de vue, d'être ouvert à l'opinion des autres, de se détacher du jugement et de prendre le risque de ne pas plaire.

Ces six dimensions opposées ne sont pas les seules différences qui existent entre le mode mental automatique et le mode préfrontal. Ce dernier se distingue aussi par exemple par sa capacité à faire des liens multiples entre les concepts et à se projeter dans l'avenir alors que l'automatique fait un lien à la fois, souvent de causalité, et se focalise sur le moment présent uniquement.

Faire appel aux dimensions du préfrontal facilite la bascule dans le mode adaptatif et fait disparaître le stress cognitif.

Le mode adaptatif : le remède à tous les maux ?

Ce passage du mode automatique au mode adaptatif serait donc la réponse idéale à toute nouveauté ou imprévu. Finis les doutes, l'incertitude, les embarras, les hésitations et le stress ! Vous voilà parés en toute circonstance… merci, au revoir et bonne journée !

Non, ne fermez pas ce livre tout de suite. Ce n'est pas si simple.

Il existe un autre mode. Un mode qui n'est pas automatique mais pas tout à fait préfrontal non plus. Un mode hybride dans lequel ces deux modes cohabitent, parfois pour le meilleur, parfois pour le pire.

L'hyperconnectivité neuronale dans le cortex préfrontal mesurée chez les HP explique ce mode hybride. Ce mode hybride, nous le nommerons le mode HP pour Hyper-Préfrontal.

Chapitre 3
L'Hyper-Préfrontal

Les notions de modes mentaux, préfrontal et automatique, la description de leur fonctionnement et de leurs caractéristiques repris dans le chapitre précédent sont tirées des neurosciences et étayées scientifiquement. L'Hyper-Préfrontalité est notre extrapolation basée sur ces enseignements de l'Approche neurocognitive et comportementale. Notre modèle est né de nos observations et de nos expériences et se fonde sur les présupposés que vous découvrirez dans le présent chapitre. Il ne s'agit pas d'une vérité scientifique mais d'une hypothèse qui fait ses preuves dans notre pratique d'accompagnement.

Les présupposés de l'Hyper-Préfrontal

L'hyperconnectivité neuronale mesurée dans le cortex préfrontal du HP permet quelques postulats :

- L'hyperconnectivité neuronale entraîne une sollicitation plus fréquente de l'intelligence préfrontale/adaptative ;
- Cette utilisation de l'intelligence préfrontale est même continue, à tout le moins ressentie comme telle par le HP ;
- L'Hyper-Préfrontal est un mode mental hybride dans lequel l'intelligence adaptative et le mode automatique sont actifs en même temps ;

- L'intervention continue du préfrontal influence tout le fonctionnement de l'individu ;
- La méconnaissance du mode Hyper-Préfrontal génère de l'incompréhension avec l'entourage et rend les relations interpersonnelles difficiles ;
- La méconnaissance du mode Hyper-Préfrontal et de ses conséquences entraîne confusions, fausses croyances et estime de soi fragilisée dans la tête du HP ;
- Le HP n'est pas une personne ayant des caractéristiques particulières mais un mode mental hybride ayant des conséquences particulières. Tout être humain a en lui le potentiel pour s'épanouir : le monde fourmille de HP épanouis, à l'aise avec eux-mêmes et leur entourage.

Arrêtons-nous quelques instants sur chacun de ces postulats afin de les explorer plus en détail :

L'hyperconnectivité neuronale entraîne une sollicitation plus fréquente de l'intelligence préfrontale/adaptative

La description du fonctionnement de l'intelligence adaptative que propose l'ANC est une formidable grille de compréhension des caractéristiques les plus souvent citées pour décrire le HP.

Les dimensions du préfrontal, comme par exemple « ouverture » et « réflexion logique », expliquent les caractéristiques du HP telles sa grande curiosité, l'envie d'apprendre à lire avant l'âge « classique », l'intérêt pour les questions métaphysiques, pour les lectures « encyclopédiques » et pour les jeux qui demandent de la réflexion.

La capacité de l'intelligence préfrontale à analyser, à faire des liens rapidement et à comprendre les problèmes complexes se reflète dans d'autres caractéristiques du HP. Par exemple : la facilité et la rapidité d'apprentissage avec un besoin de répétition faible ou inexistant, une grande mémoire, un grand sens de l'observation et du détail, un sens de l'humour parfois particulier. Ou encore la pensée créatrice qui vient de la faculté qu'a l'intelligence adaptative de créer des solutions innovantes face à des situations inédites.

La recherche de la compréhension du fonctionnement des choses et la projection dans le futur peuvent également apporter un nouvel éclairage sur les peurs « non conventionnelles pour leur âge » que les enfants HP peuvent ressentir (comme celle de la fin du monde « car le soleil explosera un jour »).

Cette activité de l'intelligence préfrontale est continue

Le HP décrit souvent son cerveau comme étant en constante ébullition. Il exprime d'ailleurs souvent l'envie de pouvoir enfin le « débrancher », de trouver un bouton « off » pour faire cesser ses réflexions qu'il estime incessantes. Il éprouve d'ailleurs beaucoup de plaisir lors d'activités qui semblent atténuer sa réflexion, calmer son cerveau.

L'Hyper-Préfrontal est un mode mental hybride dans lequel l'intelligence adaptative et le mode automatique sont actifs en même temps

Dans le mode Hyper-Préfrontal, contrairement au mode mental adaptatif, l'intelligence préfrontale ne prend pas complètement la main mais vient continuellement s'ajouter au mode mental automatique.

En effet, si le HP était constamment en mode préfrontal « pur », il serait une sorte de sage à l'abri du stress. Or le HP a bien, dans son mode de fonctionnement, des aspects qui relèvent aussi du mode mental automatique, comme par exemple la cristallisation de certaines informations, croyances ou autres gestes.

La cognition se trouve donc partagée entre ces deux types de fonctionnement qui coexistent et collaborent, y compris en dehors de toute situation complexe. Dans de telles conditions, ce sur quoi la partie préfrontale dirige son analyse est primordial.

Si cette partie préfrontale n'est consciemment dirigée sur rien, elle est susceptible de se focaliser sur n'importe quel sujet qu'elle trouvera, en scannant continuellement son environnement. Or, dans certaines circonstances, le fonctionnement du préfrontal peut s'avérer moins efficace que l'automatique, par exemple quand il s'agit d'effectuer des tâches simples et répétitives[13]. Il peut même empêcher le HP de vivre pleinement le moment présent[14], en se focalisant par exemple sur des questionnements parasites.

La compréhension par le HP de ce mode de fonctionnement hybride a notamment pour but de lui permettre de reprendre le contrôle de la partie préfrontale de sa cognition, en choisissant consciemment sur quoi la diriger.

L'intervention continue du préfrontal influence tout le fonctionnement du HP

Dans le mode Hyper-Préfrontal du HP, l'intervention continue et partielle de l'analyse adaptative aux côtés de l'automatique a une influence sur son attention.

Dans le mode automatique se produit l'effet tunnel qui concentre l'attention sur la tâche en cours. Dans le mode Hyper-Préfrontal, la partie adaptative reste à l'affût et scanne sans cesse l'environnement, ce qui influence son attention et sa perception[15].

La motivation relève de l'émotionnel et est gérée par le mode automatique. L'ingérence du préfrontal dans ce mécanisme agit comme un filtre dans le cerveau du HP. Ce filtre consiste en une sorte de test de sens que doit passer toute motivation. Si une tâche fait sens, le HP sera inarrêtable, il ne considérera même pas le temps ou le travail fourni comme des efforts. Dans le cas contraire, la motivation sera nulle ou velléitaire et la tâche considérée comme

---

13 Voir *infra*, « Intelligent ? Mais je n'arrive pas à nouer mes lacets... ».
14 Voir *infra*, « J'ai parfois l'impression de vivre ma vie de l'extérieur ».
15 Voir *infra*, « Je ne supporte pas les pulls qui grattent ».

une obligation qu'il aura du mal à remplir. La motivation du HP est donc à deux vitesses : STOP ou GO, tout ou rien[16] et peut fluctuer avec les circonstances. Le HP pourra donc avoir des intérêts multiples qui changeront avec le temps[17].

La réflexion du HP est évidemment influencée par l'analyse du préfrontal. La résolution des problèmes complexes s'en voit facilitée parfois au risque de rendre le fruit de sa réflexion trop rapide, difficile à expliquer[18]. Les prises de décisions et les choix[19] à poser peuvent être ralentis par un excès d'analyse du préfrontal, voire complètement bloqués[20].

La part préfrontale toujours active est sans cesse à l'affût. Elle analyse tout ce qu'elle perçoit, fait des liens et en tire des conclusions pour réinventer sa carte du monde, sa réalité afin de réagir en conséquence. Cette faculté est le cœur même de l'adaptation. Néanmoins, elle influence aussi la réaction émotionnelle du HP face aux événements puisque celle-ci n'interviendra pas en réponse à l'événement lui-même mais bien aux conclusions que le HP en tire pour le futur et qu'il vit déjà comme sa réalité actuelle[21].

La méconnaissance du mode Hyper-Préfrontal génère de l'incompréhension avec l'entourage et rend les relations interpersonnelles difficiles

L'entourage du HP n'est pas à l'abri d'erreurs de jugement quant à la représentation qu'il peut se faire de lui et les interprétations qui en découlent. Parents et enseignants ont tôt fait de juger l'échec scolaire d'un enfant ayant des facilités d'apprentissage comme une preuve de désinvolture ou de fainéantise. Les collègues de travail

---

16   Voir *infra*, « Je manque cruellement de motivation quand le sujet ne m'intéresse pas ».
17   Voir *infra*, « Je change (trop) souvent de centre d'intérêt ».
18   Voir *infra*, « Je peux donner une réponse rapidement, mais pas toujours le raisonnement ».
19   Voir *infra*, « Choisir peut être difficile (voire impossible) pour moi ».
20   Voir *infra*, « Débugger ses stratégies : comment sortir des boucles dans les raisonnements ? »
21   Voir *infra*, « Je suis hypersensible et je n'en peux plus ».

pourront estimer que le HP qui est le seul à poser certaines questions, à pousser le raisonnement aussi loin est en fait un empêcheur de tourner en rond.

La méconnaissance du mode Hyper-Préfrontal et de ses conséquences entraîne confusions, fausses croyances et estime de soi fragilisée dans la tête du HP

Le mode automatique analyse les comportements des personnes qui l'entourent et en déduit la réaction à adopter en fonction des valeurs qui lui ont été inculquées. L'image sociale étant une dimension du mode automatique, la pression sociale peut facilement prendre le pas sur le jugement personnel[22], ce qui peut, par exemple, pousser à agir par pur mimétisme sans autre forme de questionnement.

La partie préfrontale du mode Hyper-Préfrontal analyse également les comportements des personnes qui l'entourent, mais pas seulement. Ceux-ci sont traités comme des données de l'environnement parmi beaucoup d'autres. Toutes les données sont prises en compte, sont reliées entre elles afin de comprendre les fonctionnements logiques sous-jacents.

Le principe de l'intelligence préfrontale réside dans l'analyse de l'environnement afin de déterminer comment s'y adapter au mieux. Ceci a pour corollaire une perpétuelle remise en question pour le HP de ses propres actions et réactions en fonction du contexte dans lequel il évolue.

S'il ne parvient pas à trouver du sens derrière ce qu'il observe, le HP peut ressentir de la confusion.

Ainsi, le HP voit souvent très tôt des différences entre son fonctionnement et celui des autres. Ce qui ne l'empêchera toutefois pas de considérer que tout le monde fonctionne comme lui. C'est pour cette raison qu'il ne valorise pas toujours les facilités qu'il peut avoir dans des domaines réputés complexes. Le HP les trouve normales

---

22 Voir *infra*, l'encadré « Douter de soi face aux autres » dans « Comment fait-on pour devenir comme les autres ? ».

puisque naturelles. À l'inverse, face à une difficulté dans des situations parfois considérées comme simples sans en comprendre la raison, il peut se demander comment font les autres pour réussir et éprouver de l'embarras.

L'enfant HP doué en musique ou en mathématiques mais étant le seul de sa classe incapable de nouer ses lacets et qui ne comprend pas son mode de fonctionnement, loin de se voir comme un surdoué maladroit, risque de se créer une image de lui-même réduite à son incapacité à effectuer des tâches simples.

L'estime qu'il aura de lui-même peut donc facilement être fragilisée par cette mauvaise lecture qu'il fait de lui-même. Il jugera ses atouts, normaux alors que ses failles lui paraîtront impardonnables. Dans ces conditions, il peut développer une forme particulière de perfectionnisme : il ne s'agit pas de chercher la perfection mais d'éviter à tout prix la moindre erreur qui aurait pour conséquence potentielle d'écorner la fragile estime qu'il a de lui-même.

Ce sont quelques exemples de conséquences que l'incompréhension de son propre mode de fonctionnement peut avoir sur le HP.

C'est pour toutes ces raisons que la détection est parfois libératoire pour le HP. Se découvrir HP, c'est ne plus être seul. Lui qui se croyait fou ou carrément extraterrestre se sent rassuré par ce début d'explication à ses interrogations, ses différences et ses difficultés.

Si le test de QI est une voie de détection, elle ne peut pas être la seule et un résultat inférieur à 130 ou encore trop hétérogène ne peut, à lui seul, priver quelqu'un de cette nouvelle compréhension qu'il peut avoir de lui-même et de certains de ses comportements.

Par ailleurs, vu l'enjeu identitaire que le HP potentiel peut mettre dans la passation du test de QI, la pression et le stress peuvent le conduire à sous-performer lors de ce test.

Le HP n'est pas une personne ayant des caractéristiques particulières mais un mode mental hybride ayant des conséquences particulières

Le mode Hyper-Préfrontal est toujours actif chez certaines personnes. Ces dernières seront souvent détectées Haut Potentiel, avec l'effet libératoire évoqué plus haut.

La détection actuelle du Haut Potentiel laisse malheureusement certaines personnes sur le carreau alors que la notion d'Hyper-Préfrontalité leur permettrait de comprendre et de voir sous un nouveau jour les difficultés qu'elles rencontrent. Rien n'empêche en effet une personne non étiquetée HP de vivre des expériences relevant des mécanismes du mode Hyper-Préfrontal.

Du Haut Potentiel à l'Hyper-Préfrontal

Pour faciliter la compréhension du lecteur, l'abréviation HP est utilisée.

Par HP, il faut lire toute personne, indépendamment de son âge et de son sexe, qui se trouve dans une situation décrite dans ce livre comme relevant du mode Hyper-Préfrontal.

Nous considérons que :

- la catégorie de personnes dénommées HP dans la littérature actuelle correspond aux personnes chez qui l'Hyper-Préfrontal est le plus souvent actif ;
- l'activation de l'Hyper-Préfrontal est possible plus ou moins fréquemment chez toute personne, avec une intensité variable ;
- la question de la détection peut donc être contournée si, en cas de situation problématique, la piste de l'Hyper-Préfrontalité est aussi envisagée ;

- l'Hyper-Préfrontalité ne doit pas être vue comme un moyen de catégoriser des individus mais comme une grille de lecture qui vise à « comprendre pour agir » ;
- le modèle de l'Hyper-Préfrontalité suppose qu'il existe toujours des moyens d'action visant à l'évolution personnelle.

Le concept « comprendre pour agir » rejette toute notion d'étiquette : il exclut, pour chacun, toute condamnation à subir sa « condition de HP » ou que celle-ci lui serve d'excuse à faire subir quoi que ce soit à qui que ce soit.

Chapitre 4
Vivre en HP au quotidien

Mettre en pratique ! C'est ce maître mot que suivront toutes les prochaines lignes.

Jusqu'ici, nous sommes allés à l'intérieur du HP. Nous avons inspecté ses modes mentaux, développé et proposé un modèle pour découvrir ensemble son fonctionnement. Nous avons démêlé certains de ses chemins cérébraux, indiqué comment l'environnement était analysé par le HP, tout en discernant les possibles conséquences de ce mécanisme sur ses pensées, ses actions et ses ressentis.

En un mot, il s'agissait de comprendre ce qui se passait dans sa tête.

Maintenant, mettons-nous à agir !

Et quoi de mieux pour agir que de proposer des situations réelles, d'expérimenter en pratique le modèle de l'Hyper-Préfrontal au quotidien.

Nous avons ainsi sélectionné un certain nombre de questions et de témoignages qui nous ont été rapportés au fur et à mesure de nos échanges pour refléter ces moments de la vie ordinaire où le HP peut se trouver confronté à son mode de fonctionnement, sans s'en rendre compte.

Ainsi, dans les pages suivantes, nous explorerons l'hypersensibilité, la difficulté à faire des choses simples, les obstacles possibles à l'école, nous examinerons l'insolence potentielle, les réponses sans explication, la procrastination, l'envie perpétuelle de découvertes, la recherche du bouton « arrêt » du cerveau, nous ausculterons également les moments où les questions ne cessent de fuser, où les choix deviennent si difficiles, tout en se demandant comment un HP peut devenir comme les autres...

L'idée est de s'immerger dans ces scènes de vie, d'observer ce qui s'y passe et de présenter des pistes pour agir, en apprivoisant son mode de fonctionnement interne.

Ainsi, nous trouverons dans ces questions qui taraudent nos cheminements les moyens d'action pour utiliser l'Hyper-Préfrontal de façon... adaptée.

N'est-ce pas sa force principale, alors pourquoi s'en priver ?

« JE SUIS HYPERSENSIBLE ET JE N'EN PEUX PLUS »

> **ELLE NE M'ÉCOUTE PAS, C'EST QUE JE SUIS UN NUL**[23]
>
> Je me trouve à la maison avec ma compagne et je lui partage une idée de projet que je souhaite développer et concrétiser (ce livre par exemple). Patiemment, elle choisit de m'écouter, tout en faisant autre chose. Tout à coup, il lui vient l'idée d'aller fouiller dans un placard pour récupérer un manteau dont elle aura besoin tout à l'heure pour sortir. Au moment où elle cherche son vêtement, elle ne m'entend pas et me demande de répéter.
>
> Mon esprit s'emballe et commence à se faire un film ou plusieurs dans la catégorie « comédie dramatique » : si ma compagne ne m'a pas entendu, c'est qu'elle n'écoute pas. Si elle n'écoute pas, c'est que cela ne l'intéresse pas. Si cela ne l'intéresse pas, soit elle ne m'aime plus, soit mon projet est nul, soit les deux. C'est donc qu'elle va bientôt me quitter et/ou que je vais rater ce que je souhaite entreprendre... et quand je me retrouve dans cette pensée, il n'est pas étonnant que je ressente des émotions fortes.

---

[23] Les situations présentées dans les encadrés du livre sont basées sur des cas réels. Pour des raisons de confidentialité, les prénoms ont été modifiés.

Je suis trop sensible donc je suis HP[24], je suis HP donc je suis trop sensible.

De très nombreuses personnes font ce lien. Cela en deviendrait même une vérité contre laquelle il n'y aurait rien à faire. Un HP serait automatiquement hypersensible et il ne pourrait rien y changer !

La réaction émotionnelle positive ou négative du HP est en effet parfois plus intense face à un événement extérieur, comme la remarque d'un proche, le jugement d'un collègue, une note à l'école... Sur le moment, il s'interroge sur lui-même : pourquoi suis-je le seul à réagir comme ça ?

Et quand ces scènes deviennent répétitives, que l'étiquette de l'hypersensible lui colle à la peau, il n'est pas impossible qu'il ne se pose plus les questions et qu'il pense qu'il n'est pas normal, que sa réaction est toujours (trop) exagérée, qu'il doit se contrôler mais qu'il n'y arrive pas. S'il n'y arrive pas, c'est qu'il n'est pas normal, et s'il n'est pas normal eh bien, il ne sert à rien et s'il ne sert à rien, il ne sera jamais aimé... Ou inversement, il pourrait aussi se dire : « Je sais que j'ai raison et que les autres ont tort. » Il n'est pas certain qu'en ayant cette attitude il puisse facilement garder des relations de qualité avec les autres.

La sensibilité peut être une excellente chose, sauf quand elle devient excessive, ou jugée comme telle par soi-même, par les autres ou par soi-même et les autres.

Le HP ne réagit pas à un événement, à un fait, mais aux conclusions qu'il tire du fait, consciemment ou inconsciemment. Ces conclusions sont vécues comme réelles, voire certaines, qu'elles le soient ou non.

---

24 Pour rappel, tout au long de ce livre, le terme « haut potentiel » ou « HP » est utilisé de façon générique pour faciliter la lecture. Il est autant féminin que masculin. Il est évident qu'aucun humain n'est la copie d'un autre et donc que chaque HP a sa propre identité.

> **Réalité ou fiction ?**
>
> Chacun d'entre nous, HP ou non, l'a certainement déjà expérimenté : le cerveau réagit de la même façon face à la réalité et face à ce qu'il imagine.
>
> Par exemple, beaucoup de techniques de programmation neuro-linguistique (PNL) se fondent sur ce principe pour induire un état émotionnel agréable chez un sujet, simplement en lui demandant de s'imaginer vivre une situation à même de lui procurer cet état positif.
>
> L'industrie du cinéma (encore une histoire de film) se sert aussi très souvent de ce mécanisme. Un plan serré sur une poignée de porte qui s'abaisse, le spectateur imagine que le tueur va entrer et il ressent de la peur. La scène montre un stimulus anodin qui lance l'imagination et déclenche l'émotion.
>
> En cas de phobie des ascenseurs, le simple fait d'entendre ou lire le mot « ascenseur » peut suffire à provoquer une réaction de panique sans que l'on soit physiquement dans la cabine.
>
> Au volant d'une voiture, au milieu d'énormes embouteillages, sous la pluie, un début de chanson pourra vous téléporter dans un endroit paradisiaque et vous rendre joyeux.
>
> C'est ce qui se passe continuellement dans le cerveau d'un HP en raison de la partie préfrontale de son mode mental hybride.

Cette aptitude du cortex préfrontal à se projeter, à créer, à faire des liens, à anticiper, à imaginer, est très utile pour répondre à des situations ou des problèmes complexes : c'est une formidable capacité d'adaptation. En revanche, l'intensité émotionnelle peut s'avérer inadaptée en fonction du contexte.

Le HP, un scénariste hors pair

Quand la plupart des gens voient une vaguelette, la partie préfrontale du mode HP anticipe peut-être déjà mentalement un tsunami qui, directement engrammé[25] dans la partie automatique, devient dès lors sa nouvelle réalité. Sa réaction se fera en fonction de cette réalité anticipée mais vécue comme réelle et présente. Il arrive logiquement que certains jugent cette réaction excessive. Sans savoir que le HP ne réagit pas à la vaguelette, mais au tsunami qui occupe son esprit, ils considéreront donc le HP comme un être hypersensible.

Le HP ne serait donc pas hypersensible aux stimuli, mais un sensible « ordinaire » face aux stimuli intenses que la partie préfrontale de son mode Hyper-Préfrontal projette.

C'est ce décalage de stimuli qui fait que l'on perçoit des différences dans l'intensité émotionnelle du HP.

Distinguer ce qui relève du fait de ce qui relève de son film

La sensibilité ne s'envole pas à partir du moment où on vous apprend que vous êtes HP, mais elle prend une autre dimension. Cela peut permettre plus facilement de retrouver le contrôle du cerveau et de la création des films que l'on se fait.

Prendre les rênes du scénariste et du réalisateur, prendre conscience que l'on peut contrôler son film, cela a un impact positif sur le HP. Connaître ses caractéristiques apporte une nouvelle grille de lecture à la gestion de ses émotions, en évitant de se noyer dans un verre d'eau tout en s'imaginant couler dans un océan.

Le HP n'est pas condamné à subir. Il peut décider ce qui est important et ce qui l'est moins. Il dispose de tout le potentiel et de toutes les facultés pour distinguer ce qui relève du fait de ce qui relève de sa construction mentale, de son film.

---

25 Fixé de façon durable dans le cerveau.

En ayant conscience de ce mode mental Hyper-Préfrontal et de son fonctionnement hybride, le HP peut gagner en compréhension et en flexibilité. Il sait que sa partie préfrontale crée des hypothèses et suppositions à foison et que sa partie automatique les transforme en certitudes, ce qui génère la réaction émotionnelle.

Il peut alors agir en dirigeant le focus de sa partie préfrontale. Il peut par exemple relativiser et considérer ses hypothèses et ses suppositions pour ce qu'elles sont.

Il peut n'en retenir que certaines, leur appliquer des principes de probabilité ou encore choisir de les retenir pour plus tard.

Sans jouer sur les hypothèses, la partie préfrontale peut aussi se pencher sur la réaction à y apporter, en termes d'intensité, de temporalité ou en fonction de l'environnement.

La partie préfrontale peut aussi se concentrer sur l'objectif poursuivi et la meilleure façon de le rencontrer.

FILM D'ANTICIPATION OU FILM CATASTROPHE ?

Les lignes précédentes visent spécifiquement le contexte dans lequel, à partir d'un événement, le cortex préfrontal analyse un fait et en tire des conclusions.

Ce film catastrophe peut entraîner une réaction émotionnelle intense, en décalage avec l'environnement. Toutefois, n'oublions pas que cette capacité, quand elle est justement utilisée, constitue un atout en termes d'adaptation. Et d'auteur de film catastrophe, le HP devient visionnaire.

Si le HP ne comprend pas son mode de fonctionnement Hyper-Préfrontal, il ne fait pas ou difficilement la distinction. Il pourra dès lors se voir comme un être hypersensible, qui exagère, qui va trop loin, « en fait une montagne », ou qui se pose trop de questions. Il pourra être tenté de ne plus du tout écouter ses films, de se dire qu'il devrait arrêter de se raconter des histoires ou apprendre à couper ses émotions, voire son cerveau...

Un accompagnement classique viserait à empêcher le cortex préfrontal de tirer des conclusions sur le fait et/ou à apprendre à inhiber la réaction émotionnelle. Aucune de ces deux voies ne permet finalement au HP d'exploiter pleinement son potentiel.

Ce modèle propose au contraire une approche qui respecte le fonctionnement naturel du HP et exploite cette combinaison d'intelligence adaptative et émotionnelle qu'est le mode mental Hyper-Préfrontal. Lorsqu'un fait se produit, il est analysé par la partie préfrontale, qui en tire des conclusions. Ces conclusions sont alors cristallisées dans le mode mental automatique comme faisant partie de sa réalité et cette réalité est le déclencheur de la réaction émotionnelle. C'est direct, inconscient, instinctif.

La piste d'évolution ne vise pas à éteindre l'analyse préfrontale ou à se couper de ses émotions. Une fois que la partie préfrontale a tiré des conclusions à partir du fait, plutôt que de passer la main à la partie émotionnelle, elle peut continuer l'analyse pour déterminer la réaction la plus appropriée au contexte. Cette réaction comprend l'émotion mais aussi peut-être la communication car, ne l'oublions pas, tant que le HP n'en fait part à personne, son film reste intérieur et n'est vu que par lui-même. C'est cette analyse poussée, surtout si elle se cristallise dans le mode mental automatique, qui détermine alors la réaction émotionnelle, qui transforme l'hypersensibilité en compréhension fine et en comportements adaptés et qui mue le potentiel en talent.

> **À RETENIR**
>
> L'hypersensibilité est la réaction émotionnelle déclenchée par les hypothèses futures déduites par la partie adaptative du mode Hyper-Préfrontal mais vécues comme la réalité présente par la partie automatique.
>
> *Que faire ?*
>
> Consciemment orienter la partie préfrontale pour :
> - relativiser et considérer une hypothèse future pour ce qu'elle est, une hypothèse future,
> - réfléchir à la réaction la plus appropriée au contexte.

« Je ne supporte pas les pulls qui grattent »

À côté de la réaction émotionnelle jugée parfois trop forte par rapport au contexte, il existerait chez le HP une hypersensibilité sensorielle.

Cette hypersensibilité sensorielle se retrouve chez la plupart des gens dans des situations spécifiques. Lorsqu'un mari attend sa femme qui doit rentrer de déplacement par exemple et qu'il l'entend arriver avant que la porte ne s'ouvre. Ou encore comme une maman qui vient d'accoucher et qui va percevoir davantage les sons dont la fréquence correspond à celle des pleurs d'un enfant. L'oreille de la maman ne s'est pas transformée à la naissance de son bébé, et pourtant elle est plus sensible à certaines choses qu'elle ne l'était auparavant. Ce ne sont pas non plus des pouvoirs magiques reçus spécialement pour l'occasion.

Par opposition à la sensation, c'est avant tout une question de perception. Celle-ci est favorisée/influencée pour beaucoup par l'attention et par l'intérêt potentiel du signal reçu. C'est le mode adaptatif qui s'actionne quand la réception d'un tel message est jugée importante pour la personne. Dans le cas de la maman, c'est pour assurer la survie de sa progéniture.

Ainsi, quand quelque chose ou quelqu'un devient important, la perception est augmentée. Cela existe chez quasiment tout le monde, HP ou pas HP.

Le HP, tel que nous le définissons, a toujours une partie de son analyse préfrontale active. Pour elle, tout est potentiellement important. Elle perçoit quasiment tout avec la même intensité, ce qui génère un déficit de l'inhibition latente. Or l'inhibition est utile car c'est la capacité qu'a le cerveau à ignorer les informations qu'il juge non pertinentes.

Comprendre qu'il n'y a pas (ou très peu) d'inhibition latente chez le HP, c'est comprendre qu'il est capable de détecter toutes les sources de distraction autour de lui. Parfois utile, cet excès d'attention peut aussi lui être dommageable et l'exposer à une grande fatigue sensorielle.

Il n'y a aucune fatalité à subir. Ce qui est déterminant, c'est la notion d'intérêt ou attention pour le HP, c'est d'intégrer ce qui pour lui va présenter de l'utilité ou de l'importance.

Cela ne se décrète pas ou ne s'insère pas via l'incantation d'une formule magique. Il s'agit d'informer son cerveau pour lui signifier que cette information n'est pas ou plus importante. Elle a été repérée et, après analyse, on peut l'oublier. Par exemple, quand une étiquette de pull gratte, l'intérêt et/ou l'attention n'est pas de dire « stop cette étiquette ne me gratte pas », mais plutôt d'arrêter de penser que cette étiquette gratte ou… de la couper.

Choisir sur quoi porter sa sensibilité sensorielle peut apporter de nombreux bénéfices, et même parfois financiers. Dans la rue, le champ visuel du HP étant plus large, il lui arrive de voir sur les côtés ou au sol et de trouver de l'argent par terre. Ce n'est pas qu'une question de chance, mais aussi d'attention accrue qui boost la perception sensorielle. Lorsqu'un HP pratique un sport collectif et qu'il effectue une passe parfaite à un coéquipier, au-delà de son talent technique, sa vision du jeu est potentiellement meilleure que celle des autres joueurs, à la condition qu'il porte son attention sur ses partenaires et pas sur ce qui peut se passer autour du terrain ou dans les tribunes.

> **À RETENIR**
>
> La partie préfrontale toujours active dans le mode Hyper-Préfrontal entraîne une diminution de l'inhibition latente par une surestimation de l'importance potentielle des stimuli extérieurs, ce qui en augmente la gêne.
>
> *Que faire ?*
>
> Orienter la partie préfrontale sur la relativisation des stimuli afin d'en diminuer l'importance pour le système et en atténuer la perception.

« Intelligent ? Mais je n'arrive pas à nouer mes lacets... »

Le HP n'est pas plus intelligent que les autres, il est intelligent différemment. Ce qui est facile pour les autres peut s'avérer complexe pour le HP, et ce qui se révèle compliqué pour les autres peut paraître facile pour le HP.

Comme nous l'indique l'ANC[26], ce qui est simple et connu est géré par le mode mental automatique. Le cortex préfrontal (CPF) est quant à lui sollicité face à des situations complexes et inédites.

Le mode Hyper-Préfrontal implique qu'une part d'intelligence adaptative reste toujours active. Le HP utilise donc une machine

---

26 Voir chapitre 2 « Le modèle ANC des modes mentaux ».

faite pour prendre du recul, analyser finement les problèmes complexes, comprendre comment ils fonctionnent et créer une solution adaptée. Ainsi, dans une salle de classe, le HP est fréquemment le premier à résoudre une équation ou à répondre à une question nouvelle. On souligne alors son intelligence, ses facilités de raisonnement ou ses répliques intéressantes, car son cortex préfrontal, qui accélère sa réflexion, lui permet de faire des liens et de trouver des solutions ou des réponses plus rapidement que la moyenne.

La spécificité du HP fait que son analyse préfrontale est susceptible de se focaliser sur n'importe quel problème, y compris les simples et connus. Ce faisant, il se prive des avantages du mode mental automatique qui, dans ces situations, agit efficacement et sans se poser de questions. En se penchant sur une situation connue, le cortex préfrontal la réanalyse, « réinvente la roue » comme si le problème était nouveau, comme si rien n'était stocké en mémoire dans le mode mental automatique.

C'est ainsi que bien souvent le HP, via son mode Hyper-Préfrontal, éprouve les pires difficultés à effectuer des tâches réputées basiques comme nouer ses lacets, couper des carottes…

Cette spécificité explique pourquoi le HP est à l'aise dans ce qui est difficile pour les autres et pourquoi il peut éprouver tant de difficultés à accomplir ce qui est pourtant supposé « enfantin ».

La plupart des gens, HP compris, ignorent ces mécanismes. Cette méconnaissance est pourtant lourde de conséquences. Le HP va vite se rendre compte qu'il n'arrive pas à faire des choses simples, à « faire comme les autres ». Cela peut fragiliser son estime de soi et sa confiance en lui. Il va oublier les domaines dans lesquels il est plus rapide et meilleur pour se focaliser uniquement sur ses propres difficultés face aux choses basiques. Il va développer des croyances limitantes sur ses capacités, voire sur son identité, qui deviennent un frein supplémentaire dans son développement.

Une autre conséquence de cette méconnaissance du fonctionnement du HP est le manque de suivi, de soutien du HP dans ses apprentissages. La plupart des systèmes pédagogiques sont basés sur le mode mental automatique : les matières sont découpées en tâches simples et sont ancrées par répétition. C'est le mode mental automatique qui apprend, c'est lui qui retient. Or, chez le HP, le cortex préfrontal analyse tout, décortique, fait des liens, parfois questionne en poussant le raisonnement plus loin. Il finira les exercices de math plus vite que les autres alors qu'il sera le seul de la classe à ne pas savoir nouer ses lacets.

Quand un enfant éprouve des difficultés à effectuer un exercice de mathématiques, il existe tout un système pour l'aider à surmonter son problème. On lui réexplique, il peut aussi prendre des cours particuliers. Mais quand on ne sait pas faire des choses « enfantines », basiques, comme ses lacets, qu'existe-t-il comme soutien ? Il n'en existe pas. Vu la simplicité de la tâche, il paraît évident que la montrer deux ou trois fois doit suffire à ce qu'elle soit acquise. Dans le cas contraire, la personne qui n'y arrive pas sera considérée soit comme trop idiote pour le faire, soit comme n'y mettant pas du sien.

Montrer du doigt le HP qui ne réussirait pas à faire ces choses simples est plutôt injuste. Pourtant, cela arrive fréquemment. La conséquence de ces jugements négatifs est que le HP lui-même, voyant qu'effectivement il n'arrive pas à nouer ses lacets ou à couper des carottes, oublie ce qu'il sait faire et se focalise sur ses difficultés. Il risque de ne plus se voir que sous ce jour négatif et réducteur : « je suis trop stupide, la preuve : je ne sais pas faire mes lacets » ; « je ne suis vraiment pas normal : pourquoi les autres arrivent à couper rapidement les carottes et pas moi ? ».

Cette mauvaise lecture de soi vient en partie de la méconnaissance du fonctionnement du HP et de son mode Hyper-Préfrontal. Comprendre ce mécanisme lui offre des perspectives et des solutions pour utiliser au mieux son mode de fonctionnement.

En difficulté face à des tâches simples, le HP peut se demander sur quoi se focalise son analyse préfrontale. Quand il ne réussit pas à nouer ses lacets ou à couper des carottes, c'est sans doute que son cortex préfrontal est dirigé sur un aspect de la tâche qui apporte plus d'interrogations que de solutions dans la réalisation de celle-ci.

Trouver sa façon de diriger son cortex préfrontal ailleurs que sur ce qui entrave la tâche permet au mode mental automatique de remplir son office. Il est utile pour le HP d'analyser finement ce qui se passe dans sa tête quand il exécute son action afin de déterminer sur quoi porte sa réflexion quand il la réalise. Ainsi, il se trouvera dans une meilleure cohérence mentale et toutes ses capacités de HP seront mises au service de son action. C'est un fonctionnement dans lequel le mode mental automatique et le cortex préfrontal collaborent et sont complémentaires. Son mode Hyper-Préfrontal est utilisé en bonne intelligence. Quand cela se produit, que l'on sait apprivoiser son fonctionnement, c'est un soulagement. C'est aussi le bon chemin pour améliorer son estime de soi et surtout pour se sentir bien.

> #### Du cauchemar en cuisine au plaisir culinaire
>
> Comment Bruno, après tant d'années, est-il soudainement devenu l'as des as du coupage de carottes ?
>
> Pendant 40 ans, regarder Bruno couper des carottes était un véritable cauchemar pour lui et pour ceux qui se trouvaient avec lui en cuisine. Ses gestes étaient lents, irréguliers et on le voyait en grande souffrance. Rien de fluide ni dans le mouvement ni dans le résultat, à croire qu'il avait un handicap moteur.
>
> En discutant avec Bruno, il nous apprend qu'à chaque fois qu'il coupe une rondelle de carotte, il se demande comment il peut la couper. Son cortex préfrontal est curieux, a vocation à explorer et l'embarque à chaque mouvement dans le monde du « et si... » : « et si je mets ma main comme ça ; et si mon coude a cette inclinaison ; et si j'oriente la carotte de ce côté-là ; et si la lame du couteau est plutôt utilisée ainsi... et si... et si... ». Chaque rondelle de carotte devient pour Bruno une tentative expérimentale pour répondre à ses « et si ».

Par une telle focalisation de son cortex préfrontal, il ne s'agit plus pour Bruno de couper des carottes mais de répondre à ses questions, de réinventer chaque fois une nouvelle façon de couper un légume. Dès lors, pas étonnant que son débit soit très lent et les morceaux disparates !

Quand il en a pris conscience, Bruno a déjà pu arrêter de se croire anormal. Quel soulagement de ne pas lier ce découpage de carotte à un problème identitaire.

Libéré de ce poids, Bruno a pu décider, avec sa compagne, que cette dernière s'occuperait de la mise en place, en ce compris le découpage des légumes, tandis que lui s'occuperait du reste. Et cela a fonctionné !

En effet, connaître ses faiblesses n'implique pas forcément l'obligation d'y pallier. Une fois le blocage identifié, une première option à ne pas négliger peut être de déléguer les tâches qui nous posent problème ou de les contourner (pour les problèmes de laçage de chaussures, il y a la possibilité d'acheter des mocassins ou des chaussures à scratch). Ce n'est pas la panacée mais c'est déjà une possibilité. Dans une bonne équipe, les forces de chaque membre permettent de déterminer les rôles de chacun.

Bruno et sa compagne étaient à l'aise avec cette nouvelle distribution des rôles jusqu'à ce qu'un jour, par hasard, ils regardent une vidéo du chef Michel Dumas[27]. Le chef y partageait notamment deux ou trois fondamentaux du genre : « on place la carotte ainsi, on positionne le couteau comme ça et on coupe de cette façon », en expliquant systématiquement pourquoi il faisait ce qu'il faisait et pourquoi il ne faisait pas ce qu'il ne faisait pas.

Ces informations de base ont suffi d'un seul coup à faire sens et conscience chez Bruno. Elles se sont cristallisées dans son mode mental automatique. Et son cortex préfrontal n'est plus

---

27 Michel Dumas est un cuisinier qui réalise des vidéos le montrant préparer ses plats : https://www.chefmicheldumas.com/fr.

revenu sur les questions qui l'occupaient jusque-là. Il se focalise maintenant ailleurs. Pendant que Bruno coupe des légumes en mode automatique, son préfrontal se projette déjà dans la suite de la recette, laissant la créativité culinaire s'exprimer.

Aujourd'hui, Bruno est très à l'aise pour effectuer cette action désormais simple pour lui aussi : ses gestes sont fluides et il le fait même avec plaisir. Ses recettes de carottes semblent fameuses. Il a pris trois kilos, mais ça c'est une autre histoire.

À RETENIR

Ce qui est difficile pour les autres est facile pour le HP, et ce qui est facile pour les autres est difficile pour le HP. Lorsqu'une tâche basique n'est pas assimilée, elle n'est pas traitée par la partie automatique de son mode hybride mais par la partie préfrontale.

Que faire ?

Quand un HP est en difficulté, il y a lieu de se poser la question suivante : « quel est cet élément si basique, si évident, qu'il n'a pas assimilé ? » et le lui apprendre avec patience et bienveillance, sans jugement. Ainsi, cette tâche pourra être exécutée par la partie automatique, laissant à la partie préfrontale une tâche plus complexe.

« Soudainement, j'ai des soucis à l'école (alors qu'avant je n'avais pas besoin d'étudier) »

S'il existe un domaine dans lequel le mode Hyper-Préfrontal du HP est une arme à double tranchant, c'est bien celui de l'école. Sa capacité à comprendre et à faire des liens, sa grande mémoire de travail immédiate contribuent à ce que les premières années scolaires se passent facilement. Souvent, les années maternelles et primaires ne posent pas de souci (du moins, en ce qui concerne l'apprentissage en tant que tel). Les cours semblent faciles et les contrôles sont perçus comme de simples formalités.

Avec la multiplication des matières et des enseignants, les premières difficultés peuvent se manifester lors de l'entrée en secondaire : des soucis d'organisation, des prises de notes incomplètes, voire inexistantes. Ou mal classées. Ou égarées, ce qui ne paraît pas si grave au HP car elles sont parfois carrément illisibles vu sa piètre écriture (surtout chez les garçons). Pourtant, les supports deviennent nécessaires à la réussite. Les contrôles ont parfois lieu quelques semaines après le cours correspondant, la mémoire immédiate de travail commence à montrer ses limites. Les premiers ratés peuvent survenir.

Ces premières déceptions pourront étonner le HP et le pousser à se questionner sur lui-même. Lui qui avait toujours éprouvé tant de facilité, il cherchera à comprendre ce qui a changé et en tirera parfois des conclusions, se forgera des croyances qui deviendront sa nouvelle réalité : « je suis nul en math », « je hais le latin », « l'histoire, ça ne sert à rien de toute façon », « les sciences, c'est pour les intellos », « le prof de français est génial, celui d'anglais est nul ».

> ### La motivation liée à l'intérêt envers l'enseignant
>
> La motivation du HP est plus que liée à l'intérêt[28]. Une forme d'intérêt particulière est le rapport que le HP entretient avec chaque enseignant, et celui-ci aura un impact considérable sur son apprentissage. Pour peu qu'il apprécie son professeur d'histoire, le HP aimera cette matière et développera peut-être même une passion pour une période particulière. À l'inverse, si le courant ne passe pas du tout avec son professeur de latin, le HP alors préadolescent estimera l'étude des déclinaisons inutile, fastidieuse voire impossible.
>
> Il pourra parfois aller jusqu'à développer une véritable allergie à certaines matières, à moins qu'un autre enseignant…
>
> En outre, si le pouvoir des croyances que nous avons sur nous-mêmes est immense[29], l'effet Pygmalion[30] (ou effet Rosenthal) montre que les croyances que portent les professeurs ont également un impact sur les performances de leurs élèves. Et elles émergent très rapidement, de bonne foi : « votre fils n'est pas doué pour les sciences », « il n'est pas ordonné », « elle ne travaille que si elle veut bien »…

L'entrée dans le second cycle des secondaires entraîne une nouvelle augmentation de la quantité de matière et de travail. À défaut d'étude ou d'organisation, les premiers échecs créent de l'incompréhension. L'adolescent HP, en pleine construction de sa personnalité, prend logiquement quelques raccourcis : « Puisque je n'y arrive pas, je suis nul. »

---

28 Voir *infra*, « Je manque cruellement de motivation quand le sujet ne m'intéresse pas ».
29 Henry Ford disait : « Que vous vous pensiez capable de faire une chose ou incapable de la faire, dans les deux cas, vous avez raison. »
30 *Pygmalion à l'école : l'attente du maître et le développement intellectuel des élèves* (1968), par Robert Rosenthal et Lenore Jacobson, trad. fr. par S. Audebert et Y. Rickards, Tournai, Casterman, 1971, rééd.1994.

Les parents ne sont pas en reste : « S'il rate, c'est parce que mon fils ne travaille pas assez », « Le problème c'est les jeux, si elle jouait moins avec sa console ça irait », « Ma fille passe son temps avec ses copines, c'est leur faute », par exemple…

L'ambiance se détériore à la maison. Disputes. Incompréhensions.

La communication se rompt entre l'adolescent et sa famille. L'adolescent ne s'intéresse plus qu'à ce qui permet une autre construction de l'identité : amis, petit copain ou petite copine, musique, jeux… La réussite scolaire est un peu mise de côté dans sa tête. Les journées de classe sont orientées sur les amis. Les cours ne sont pas en ordre, les notes toujours lacunaires et si le support théorique n'est pas fourni par l'école, l'adolescent n'a même plus accès à ce qu'il doit étudier avant le contrôle.

Arrivent les examens de fin d'année, qui portent sur des cours qu'il n'a pas toujours écoutés, dont il ne perçoit même pas le sens. Échecs, redoublement et parfois même décrochage. Si toutefois le HP parvient à gérer les secondaires, c'est en arrivant dans les études supérieures que les mêmes problèmes émergent.

Cet exemple de parcours est un des pires au niveau scolaire et tous, heureusement, n'en arrivent pas là. Mais que s'est-il passé ?

Dans notre exemple, l'enfant HP a une bonne compréhension générale et une mémoire de travail importante. Ce qui signifie que jamais durant les années de primaire, il n'a réellement dû étudier. Mais il pense le contraire. Pour lui, étudier, c'est relire une feuille une fois. Et il est légitimement persuadé que c'est comme cela pour tout le monde. Quand il arrive en secondaire, sa mémoire et sa compréhension continuent le plus souvent à pallier le manque d'étude. Rester plus longtemps devant ses cours devrait suffire, se dit-il logiquement. Voilà pourquoi les notes baissent et les premiers couacs surviennent.

Toujours dans notre exemple, en troisième (ou en seconde pour la France), il n'a plus le choix. Il faut étudier et s'organiser. Mais quand tous les autres savent comment s'y prendre, l'adolescent HP, lui, est en fait inexpérimenté. Il ne sait pas comment faire puisqu'il n'a jamais vraiment appris à apprendre.

Et lorsque les autres ont acquis cette compétence, pendant les années de primaire, c'était avec des quantités de matières plus réduites, avec des parents et instituteurs à l'écoute. Mais en secondaire, quand un enfant se met à rater, rares sont les parents qui ne se disent pas que le manque de travail, d'assiduité ou de motivation explique tout. « Il est intelligent. S'il s'y mettait, il réussirait »…

Que faire alors pour éviter le décrochage ?

Le propre du HP est que ce qui est difficile pour les autres est facile pour lui et inversement. Le corollaire de ce principe est de ne pas faire de suppositions sur les compétences que l'adolescent HP a effectivement acquises ou non. À 5 ans, il savait lire et compter mais pas nouer ses lacets de chaussures. De la même manière, peut-être qu'à 14 ans, ce HP ne sait tout simplement pas comment étudier, ne sait pas distinguer l'idée principale d'un texte… Aussi, plutôt que de le blâmer, dresser un bilan de compétences et analyser avec lui ce qui lui manque sont un premier pas sur le chemin de sa future réussite. Lui apprendre à apprendre, parfois l'aider à trouver un sens à sa scolarité et l'assister jusqu'à un premier succès peuvent en être de belles étapes. Associer les proches au processus renforce le soutien et permet de transformer les reproches en encouragements.

Il est également important de rassurer son enfant HP, de lui apporter de la reconnaissance, de lui montrer qu'on est fier de lui pour qui il est. Amorcer le changement est déjà une excellente raison d'être très fier de lui car la démarche n'est pas si facile à entamer.

NE PAS SAVOIR PAR QUELS EXERCICES COMMENCER SES DEVOIRS

Retrouvons notre élève HP et la pression de la *vox populi* : « S'il n'est pas premier de classe, c'est qu'il ne travaille pas assez. » Il est pourtant possible qu'il souhaite vraiment travailler mais se retrouve bloqué face à une liste de devoirs à accomplir, ne sachant pas par lequel commencer. Cela arrive plus souvent qu'on ne le croit.

Quelles pistes suivre ?

On peut lui proposer de faire un planning. Notre HP risque alors de cligner des yeux, en répétant, « un planning ? » de façon interrogative. Si on lui propose de réaliser cet exercice de planification sur un simple post-it, cela va sans doute le libérer d'un poids. Il est fort possible qu'au mot planning, le HP se soit imaginé un énorme machin à faire. Alors qu'ici, l'objet post-it est plus en accord avec son fonctionnement. Mieux encore, cela va lui permettre de combler une partie de sa boîte à outils vide. Si, en plus, il peut inscrire sur ce petit papier les devoirs à faire, allant de celui qu'il estime le moins amusant au plus fun, et si on l'invite à rayer au fur et à mesure les tâches accomplies, il va ressentir un grand soulagement.

À RETENIR

La partie préfrontale active chez le HP est un atout au début de la vie scolaire. Facilités de compréhension et mémoire de travail immédiate rendent l'étude et l'organisation inutiles jusqu'à un certain niveau d'enseignement. Quand la matière augmente, le HP peut se trouver démuni face à ses manques en matière de méthodologie. Les méthodes classiques, faisant appel à l'automatique, peuvent ne pas fonctionner ou créer des résistances. Les échecs soudains dont les causes sont mal comprises peuvent donner une fausse image du HP aux autres et à lui-même.

> *Que faire ?*
>
> Analyser avec lui sa méthodologie actuelle, lui enseigner les principes fondamentaux de l'apprentissage et l'aider à découvrir sa propre méthode de travail globale (en adaptant méthodologie, rythme… et en tenant compte des mécanismes de l'attention et de la motivation propres aux HP…) lui permettront de tirer parti de son fonctionnement hybride.

« Intelligent ? Mais je suis parfois à côté de la plaque »

Une des caractéristiques centrales du fonctionnement du HP est que son cortex préfrontal est quasiment toujours en activité et que tous les stimuli extérieurs ont tendance à être traités avec la même importance, indépendamment du contexte.

Lors d'une discussion, chez une majorité de personnes, on observe une sorte d'effet tunnel : une focalisation de l'attention sur ce qui se dit, inhibant les stimuli extérieurs à la discussion.

À l'inverse, le mode Hyper-Préfrontal du HP prête également, et en parallèle, attention à ce qui se passe autour de lui, y compris en dehors de la discussion. C'est la base même de son mécanisme d'adaptation : en situation complexe ou inédite, l'intelligence adaptative va prendre tout l'environnement en compte pour adapter son comportement.

Il est continuellement susceptible de tout remettre en question puisque chaque information perçue est analysée et les conclusions qu'il en tire sont engrammées. Cette reconstruction perpétuelle de la réalité comporte ses inconvénients.

Dans le monde dans lequel nous vivons, il existe un tas de règles implicites. Des normes si évidentes qu'il n'est même pas nécessaire d'en parler. Comment, pour le HP qui évolue dans une réalité en perpétuelle construction et où son mode Hyper-Préfrontal est en activité permanente, une règle pourrait-elle être si immuable qu'elle irait « sans dire » ?

> **L'implicite qui ne va pas sans dire**
>
> Pour comprendre cette difficile gestion de la règle implicite chez le HP, prenons deux scénarios différents dans lesquels il peut se trouver :
>
> Enfreindre une règle méconnue ou mal comprise.
>
> > Amélia reçoit une heure de retenue pour avoir « gardé son bonnet sur la tête à l'école ».
> > Lors d'une panne de chauffage à l'école, le froid envahit les salles de cours, et le directeur annonce aux élèves que ces derniers peuvent garder leurs vêtements chauds dans les classes.
> > Lors de la première heure, Amélia va garder son bonnet sur la tête… et se faire punir ! Elle ne va pas comprendre pourquoi on la réprimande alors qu'avant le début de la classe, le directeur a dit que les élèves pouvaient garder leurs vêtements chauds !
> > Amélia ne sait pas que garder son bonnet, cela ne se fait pas. Pour elle, c'est un vêtement qui protège du froid, or pour quasi tous les autres, c'est un couvre-chef et il faut l'enlever.
> > Et elle est sanctionnée d'une heure de retenue.
>
> Amélia est punie alors qu'elle est de bonne foi. Elle croyait sincèrement avoir reçu l'autorisation de garder son bonnet en classe, d'autant qu'elle fait toujours attention à s'adapter pour bien faire. C'est même la seule raison pour laquelle elle avait son bonnet sur la tête. En temps normal, elle l'enlève.

Enfreindre une règle méconnue ou dont on ne perçoit pas le sens.

> Les ratures sur la feuille de Jim
>
> Jim débarque en jetant la feuille de sa rédaction de français sur la table de la cuisine tout en hurlant :
>
> « Non mais franchement, c'est n'importe quoi, on me demande de recopier ma rédaction, et tu sais pourquoi ? Parce que j'ai fait des ratures. Mais enfin c'est débile, je ne demande pas à mon professeur de lire mes ratures. Elles ne comptent pas puisque j'ai barré. Je vais donc devoir réécrire sur une feuille la même chose que ce qui a été écrit sur celle-ci, sans les ratures ? Franchement, c'est idiot, ça ne sert à rien, et en plus ils se sont tous foutus de moi en classe, soi-disant que j'étais un naze de rendre ma copie dans cet état... tout ça pour quatre ratures, tu imagines ? »
>
> ...
>
> « Je vais le faire, je vais la réécrire ma rédaction... mais en utilisant un stylo à l'encre effaçable. »
>
> Jim ne comprend pas pourquoi les ratures lui sont reprochées. Bien sûr, il connaît la règle générale selon laquelle un certain soin doit être apporté aux devoirs. Cela n'a pas de sens pour lui de devoir recommencer son travail pour « quatre ratures » alors qu'elles ne « comptent pas puisqu'il les a barrées ». Il ne comprend sincèrement ni l'obligation de la réécrire ni la punition de l'enseignant, et encore moins les moqueries de ses amis.

Quand le HP est le seul à faire différemment des autres, il ne comprend pas ce qui se passe. Il ne comprend pas pourquoi il se trompe, ou pourquoi il n'arrive pas à bien faire. Cela peut entraîner un certain désordre à l'intérieur de lui.

La prise de conscience par le HP que son fonctionnement et son mode Hyper-Préfrontal peuvent légitimement lui faire ignorer[31] une chose considérée comme « élémentaire » est primordiale. Sans

---

31 Cette ignorance de la règle et de son importance est couplée à une remise en cause de cette dernière, à l'instar de toute chose.

elle, ce type de situations peut générer des sentiments d'injustice et d'insécurité et partant une estime de soi rabaissée.

L'insécurité découle de son impossibilité à prévoir toutes les normes implicites. En effet, il ne peut jamais être certain qu'il n'existe pas de règles implicites qu'il ne connaîtrait pas dans une situation donnée. Il se trouve dans une sorte d'insécurité mentale et comportementale et ressent de l'injustice lorsqu'il est confronté à une norme dont il ne perçoit pas le sens (pourquoi trois ratures c'est bon et pas quatre ?). Il pourra alors rejeter la sanction, voire la prendre personnellement (si on me reproche une bêtise pareille, c'est qu'on m'en veut). Il aura le sentiment d'être traité différemment, parfois à raison.

Tout ceci peut aussi entraîner des conséquences sur l'estime de soi. La répétition de ces situations lui donne l'impression d'être seul au monde, d'être un extra-terrestre, à côté de la plaque. Il peut se demander s'il n'est pas un inadapté social.

La compréhension du mécanisme Hyper-Préfrontal du HP est utile pour les autres aussi. En effet, comment réagit l'être humain lorsqu'il voit une personne dans l'incapacité d'accomplir une tâche simple ? Comment réagissez-vous ? Votre premier réflexe est-il de chercher à comprendre les raisons de son blocage ?

Soyons honnêtes, le premier réflexe est le jugement, la moquerie, même si elle peut se vouloir… amicale. Parfois, la simple taquinerie se transforme en réelles railleries. Il est très facile, notamment à l'école mais pas seulement, de se voir étiqueté, rejeté, vilipendé par ses pairs, cloué au pilori pour stupidité aggravée : « Mais enfin, toi qui es si malin, tu ne sais pas cela ? En fait tu n'es pas si intelligent… »

Parents et professeurs, se voulant pourtant bienveillants, feront parfois preuve d'une autre forme de mauvaise interprétation. Ils savent de quoi l'enfant est capable (ils ont bien vu certaines de ses facilités) et, face à l'échec de l'enfant, ils ne tirent pas de conclusions sur ses capacités mais, et c'est parfois pire, ils peuvent en déduire de la mauvaise volonté, de l'irrespect dans le chef de cet enfant (il rend un devoir rempli de ratures) ou de l'insolence (il dit ne pas comprendre pourquoi il doit enlever son bonnet en classe).

Ces erreurs d'interprétation se commettent de bonne foi : bien souvent, nous n'imaginons même pas qu'il existe d'autres modes de fonctionnement que le nôtre. Et nous analysons les comportements des autres à la lumière de notre vision du monde. Le mode Hyper-Préfrontal du HP n'est pas inclus directement dans son manuel d'explication. Il est facile de ranger parmi les crétins quelqu'un qui ignore l'évidence. Et de se trouver à côté de la plaque quand on ignore quelque chose qui semble aller de soi pour tous.

Comment accompagner le HP face à ce type de problématiques ? Il s'agira bien sûr de faire preuve de bienveillance et de pédagogie. Parfois, la simple explication des mécanismes de son mode Hyper-Préfrontal permet bien des déblocages. Apprendre qu'il n'est pas le seul à connaître ce type de difficultés peut déjà être une réelle libération. Et quand il comprend et accepte que les croyances négatives qu'il en a déduites sur lui-même ne sont peut-être pas si inébranlables, le travail peut commencer.

Il s'agira de lui expliquer ce qui paraît évident pour le plus grand nombre sans hésiter à expliciter l'implicite. Avec bienveillance et sans jugement, l'instruire sur les rites et coutumes, en en parlant avec le même sérieux que l'on pourrait prendre pour une règle de grammaire.

Bien sûr, il ne faudra pas s'arrêter à un « simple » exercice de transmission. Répéter l'évidence sans autre forme d'explication serait taper un coup dans l'eau. La clé réside également dans l'explication du sens, de ce en quoi cette règle peut être importante pour soi, pour les autres et pour soi avec les autres. C'est de cette façon que le HP pourra retenir l'information et la cristalliser dans son mode mental automatique. Il évitera ainsi de la remettre en cause à l'avenir. Cela ne sert à rien de vouloir lui enfoncer une règle dans le crâne sans l'expliquer et échanger.

Parfois, le seul sens de la règle est que tout le monde la suit. Dès lors, ce sera au HP de choisir entre s'adapter à son environnement, ce à quoi sert justement son mode Hyper-Préfrontal, ou ne pas suivre cette règle tout en assumant les conséquences mais en connaissance de cause.

Encore une fois, être ou ne pas être HP n'est pas une condamnation à éprouver certaines difficultés : l'objet de ce livre est de proposer des pistes d'évolution. Mais être HP est encore moins une cause d'excuse, une absolution à rejeter les règles comme bon lui semblerait. Une fois qu'il a compris son mode de fonctionnement Hyper-Préfrontal, il peut utiliser en liberté son esprit critique et constructif. Il reprend la pleine et entière responsabilité de ses choix et de ses actes.

> **À RETENIR**
>
> Il y a parfois des choses si évidentes qu'elles « vont sans dire » mais dont la partie adaptative du mode Hyper-Préfrontal a empêché la cristallisation dans l'automatique. Ceci a des conséquences sur le bien-être du HP et sur l'image qu'il a de lui-même ou que les autres ont de lui.
>
> Être pris en « défaut d'ignorance » sur un sujet considéré comme évident peut le dévaloriser à ses propres yeux et à ceux des autres.
>
> Se voir reprocher d'enfreindre une règle dont il n'a pas perçu l'importance, ou dont il ignore même l'existence, peut générer un sentiment d'injustice face aux critiques.
>
> Vivre dans la crainte perpétuelle d'enfreindre une règle qu'il ne connaît pas peut engendrer de l'insécurité au quotidien.
>
> *Que faire ?*
>
> Quand un HP est dans une telle situation, il y a lieu de chercher avec lui, avec patience et bienveillance, quelle règle il n'a pas assimilée ou dont il ne perçoit pas le sens.

> Par de la pédagogie sur le fonctionnement du mode Hyper-Préfrontal, l'aider à comprendre les causes de ces moments de décalage, à les relativiser et à cesser de se dévaloriser.
>
> Cela peut également lui permettre de trouver sa propre manière d'agir et de tirer le potentiel de son mode hybride.

« Parfois mes réponses passent pour de l'insolence et je ne comprends pas pourquoi »

Dans certaines situations, la confusion entre remarque insolente et répartie judicieuse s'explique par la méconnaissance du HP de l'implicite.

> Prenons l'exemple d'une maman qui le vendredi soir interpelle son fils en lui disant d'aller prendre une douche car sa dernière doit remonter à mercredi 18h00 et qui s'entend répondre : « Ah non, je l'ai prise à 20h00 mercredi et pas à 18h00. » Même si la remarque horaire est exacte, comment va réagir la maman ?

Peut-on pour autant d'office interpréter cette remarque comme de l'insolence dans le chef du fils qui a repéré une erreur factuelle, l'a relevée et l'a partagée ? C'est le propre du mode mental Hyper-Préfrontal : s'il y a une inexactitude ou une contradiction, il va la relever. Jeune enfant, le HP était même félicité pour ce genre de remarques : c'était un signe d'éveil.

L'intelligence préfrontale est une extraordinaire machine à déceler les erreurs, les partager et à proposer des pistes de solutions. Quand cette analyse porte sur le sujet principal de la discussion, l'intervention du HP sera le plus souvent accueillie avec grand intérêt, dans la vie personnelle ou professionnelle.

Concernant l'horaire de la douche, le fils repère une inexactitude et la partage, peut-être sans arrière-pensée, comme il l'a toujours fait… mais elle est hors sujet et il y a de fortes probabilités qu'il se fasse sermonner pour son effronterie.

C'est le scénario par défaut alors que le HP ignore peut-être la règle implicite qui permet de faire la différence entre faire une remarque judicieuse et « répondre à sa mère ».

Que peut ressentir le HP dans ces moments-là ? En quoi est-ce problématique ? Si ce scénario se répète, le HP pourra ressentir soit de l'incompréhension et insister, soit de l'injustice et décider de se taire, se jurant de ne plus jamais risquer d'être accusé de « faire le malin ». Le risque est qu'il se taise aussi face à des situations où sa remarque aurait été judicieuse, engendrant frustration, retrait ou perte de confiance.

Comment aider le HP à distinguer réponse insolente et remarque judicieuse ?

Le critère est simple (donc susceptible d'être inconnu pour le HP) : repérer avant tout le sujet de la discussion, le sens du message que l'on reçoit. Si la remarque est en rapport, elle sera sûrement pertinente. Si la remarque porte sur un détail, elle sera très certainement perçue comme insolente.

Dans l'exemple ci-dessus, le sujet n'est bien sûr pas l'horaire mais la douche elle-même. L'horaire est une futilité, ce n'est pas la raison de l'échange. Si le HP note une erreur mais en décelant que ce n'est pas le sujet principal, il peut alors choisir de se taire. Il peut aussi noter cette erreur et en faire part plus tard.

S'il choisit, en connaissance de cause, de tout de même faire la remarque, l'accompagnement classique sera de mise et il s'agira de chercher les causes de l'insolence, avérée cette fois. L'insolence se perçoit parfois aussi quand le HP coupe la parole ou répond avant les autres. Cela fera l'objet de la séquence suivante.

> **À RETENIR**
>
> Parfois, une remarque pertinente du HP sera accueillie comme un signe d'éveil ou d'intelligence. Et parfois, sans qu'il ne comprenne pourquoi, une autre remarque, qu'il pense tout aussi pertinente car vraie, sera considérée comme déplacée ou insolente et accueillie avec colère.
>
> La partie adaptative de son mode Hyper-Préfrontal est focalisée sur sa remarque, qu'il sait être juste.
>
> Le HP sera considéré comme insolent alors que lui ne verra que de l'injustice.
>
> *Que faire ?*
>
> Lui apprendre avec bienveillance et patience que la véracité n'entraîne pas la pertinence et à distinguer remarques pertinentes et réponses exactes mais inappropriées.
>
> L'aider, par exemple, à utiliser la part d'analyse préfrontale du mode Hyper-Préfrontal pour vérifier si la remarque qu'il veut formuler est bien en lien avec le sujet central de la discussion, et si elle apporte un élément neuf à celle-ci.

« J'ai tendance à couper la parole aux autres (quand je sais déjà ce qu'ils vont dire) »

Il arrive que le HP coupe la parole à son interlocuteur pour répondre, avant que ce dernier n'ait terminé sa phrase. Si cela se répète dans la même conversation, le HP sera peut-être rappelé à l'ordre et invité à cesser d'agir de cette façon désagréable, jugée souvent insolente.

Vu son hyper-connectivité neuronale, le cortex préfrontal est toujours en partie actif chez le HP. C'est ce qui constitue d'ailleurs son mode Hyper-Préfrontal. Celui-ci fait des liens, anticipe la suite et développe à une vitesse importante plusieurs scénarios. Ce fonctionnement fait partie intégrante du HP et il l'utilise aussi dans les conversations.

Sauf jeux particuliers, le HP ne va pas se rendre compte la plupart du temps qu'il coupe la parole. Il répond directement à ce qu'il a déjà anticipé intérieurement. Il a compris l'idée et y réagit comme si son interlocuteur avait fini sa phrase.

Lorsqu'on le lui fait remarquer, le HP ne va parfois pas comprendre ce qui lui est reproché. Ceci peut générer frustration, incompréhension et dyssynchronie avec son interlocuteur. Le HP risque de se remettre en question pour aboutir à un certain mutisme. Il peut aussi ne pas aggraver la situation et renvoyer une fausse image de lui-même. Il peut apparaître transparent, agité, hautain, insolent, borné… sans le vouloir et sans savoir comment y remédier.

Que peut faire le HP ?

Au lieu de répondre avant la fin de la phrase de son interlocuteur, il peut utiliser ce temps pour explorer d'autres réponses possibles, pour réfléchir à la formulation de sa/ses réponse(s) et à sa/leur finalité. Il peut aussi se mettre à la place de son interlocuteur et prendre en compte son besoin d'exprimer sa pensée jusqu'au bout. L'enjeu de ces techniques non exhaustives est de passer de la réactivité (répondre du tac au tac) à la proactivité (temps de réflexion) chère à Victor Franckl[32].

Parfois, c'est l'intensité de la réaction émotionnelle du HP qui cause la rapidité de sa réponse. Il pense avoir compris quelque chose qui le choque et il réagit directement avec colère à ce que son interlocuteur n'a pas encore fini de dire. Pour canaliser ces réactions purement émotionnelles, le HP peut mobiliser et pousser son analyse préfrontale, par exemple, sur les points suivants :

- même s'il pense avoir déjà compris l'idée, il ne s'agit que d'une supposition (une lecture de pensée, selon la PNL). Elle reste donc incertaine ;
- si l'émotion survient, c'est que le sujet est important ;
- si le sujet est important, il est essentiel de bien comprendre toutes les nuances du discours de l'autre et donc de le laisser finir.

À RETENIR

La partie préfrontale du HP lui permet de faire rapidement des liens. Il pense savoir ce que son interlocuteur va dire. Cette supposition est traitée par la part automatique comme si la phrase avait déjà été prononcée. Cela génère une réaction émotionnelle immédiate qui pousse le HP à couper la parole à son interlocuteur.

Que faire ?

Comme face à « l'hypersensibilité », le HP peut apprendre à consciemment rediriger son analyse préfrontale pour, par exemple :

- relativiser et considérer une supposition pour ce qu'elle est ;

---

32 Viktor Emil Frankl (1905-1997) est un professeur autrichien de neurologie et de psychiatrie. Il est le créateur d'une nouvelle thérapie, qu'il baptise logothérapie qui prend en compte le besoin de « sens » et la dimension spirituelle de la personne.

> - prendre en compte l'importance relationnelle de laisser à l'autre l'occasion de s'exprimer complètement ;
> - profiter du temps que met l'interlocuteur à finir sa phrase pour réfléchir à la réponse la plus appropriée au contexte.
>
> Le HP peut tirer parti de son mode Hyper-Préfrontal pour inclure de l'analyse adaptative dans sa réaction jusque-là purement automatique et émotionnelle.

« JE PEUX DONNER UNE RÉPONSE RAPIDEMENT, MAIS PAS TOUJOURS LE RAISONNEMENT »

La pensée en arborescence du HP est une des idées reçues les plus véhiculées. Elle est quasiment de notoriété publique et tellement évidente qu'il ne serait pas nécessaire de l'étudier ou d'en discuter. Et pourtant...

L'une des caractéristiques du HP est effectivement de faire rapidement des liens. L'hyperconnectivité neuronale du HP explique que les idées fusent et en génèrent d'autres. Cette pensée en arborescence condamnerait-elle le HP à ne pas pouvoir expliquer ses raisonnements ?

> **TRICHEUSE ?**
>
> Le père de Léa, 13 ans, reçoit un message du professeur de sa fille. Elle lui dit soupçonner Léa de tricherie lors du dernier contrôle de mathématiques. La raison invoquée est que Léa n'a pas écrit sur sa copie le raisonnement qui lui a permis de résoudre un exercice de trigonométrie. Le résultat était correct mais, malheureusement pour elle, elle était assise derrière un des seuls élèves de la classe qui a réussi le test.

Léa n'a pas été en mesure de l'expliquer non plus oralement lors de la remise des contrôles. L'enseignante la suspecte de tricherie mais ne l'a pas sanctionnée puisqu'elle n'en a pas la preuve formelle. Aucune note ne sera donnée à la question et Léa sera « tenue à l'œil » lors des futurs contrôles.

Léa est furieuse. D'une part, elle est outrée d'être accusée à tort de tricherie et, d'autre part, elle trouve sa (non-)note injuste puisque le résultat était correct et que le raisonnement n'était pas demandé dans l'énoncé.

Son père, bien que convaincu qu'elle n'a pas triché, se met tout de même en colère : « Mais tu es bête ou quoi ? Tu sais bien qu'il faut expliquer les choses, fais un effort ! »

Le « Référent pour les élèves à besoins spécifiques » de l'école est alerté et suggère aux parents de Léa qu'elle passe des tests afin de vérifier si elle n'est pas Haut Potentiel. En effet, ajoute-t-il, les HP ayant une pensée en arborescence, il leur est impossible d'expliquer certains de leurs raisonnements. Si cette détection est avérée, des aménagements individuels pourront être accordés à Léa, notamment une dispense d'explication de résultats lors des contrôles de mathématiques.

On voit bien ici que la seule difficulté à expliquer certains résultats peut mener à des accusations de tricherie, des soupçons d'irrespect, voire de bêtise. Tout ceci génère colère et frustration chez Léa et chez ses proches. Pire encore, certains condamnent Léa à ne jamais parvenir à expliquer ses raisonnements.

Léa a effectivement été détectée HP et je l'ai accompagnée en séances de coaching. Elle parvient maintenant facilement à détailler les étapes des plus complexes des démonstrations mathématiques.

Comment expliquer que certains HP y arrivent, et même très bien ?

Le mode mental automatique suit un axe linéaire, que ce soit dans l'apprentissage ou la restitution : une idée en amène une autre qui va déboucher sur une troisième, etc. Expliquer le cheminement dans ces conditions est aussi simple que nouer ses lacets de chaussures[33].

Or on sait que, pour le HP, les choses les plus simples sont souvent les plus compliquées, et inversement. S'il est vrai que le cerveau du HP peut travailler en arborescence, il peut aussi travailler de façon plus linéaire. Penser qu'il est obligé de suivre 150 chemins pour arriver à un résultat serait passer à côté du fonctionnement intégral de son mode Hyper-Préfrontal. Quand le cortex préfrontal sait où il va, il y va, et il y va tout droit ! Il a donc bien accès à la ligne droite.

C'est la rapidité avec laquelle le préfrontal crée de multiples liens qui peut rendre le cheminement du raisonnement moins accessible à la conscience et donc plus difficile à expliquer. Le HP n'est pas forcément perdu dans les méandres de sa pensée en arborescence mais plus dans le découpage du raisonnement. Les petites étapes passent trop rapidement pour être systématiquement conscientisées. Il est néanmoins possible d'y arriver avec un petit entraînement.

Par exemple, il n'est pas aisé, pour qui n'en a pas l'habitude, de découper séquence par séquence, dans le bon ordre, tout ce qu'il y a lieu de faire pour réussir un poulet basquaise. Cette personne finira par y arriver mais elle devra faire preuve de concentration pour décrire étape par étape une recette de cuisine qu'elle connaît pourtant très bien. Quelqu'un de rompu au même exercice le fera facilement.

Pourquoi ? Là où le premier sera décontenancé, ne sachant pas trop comment faire et doutant de sa capacité à y parvenir, le second, fort de son expérience, sait qu'il en est capable et voit exactement comment s'y employer. La tâche sera un défi pour l'un et un jeu

---

33 Voir *supra*, « Intelligent ? Mais je n'arrive pas à nouer mes lacets... ».

d'enfant pour l'autre. Il en va de même pour le HP quand il s'agit d'expliquer un raisonnement.

Comment ai-je accompagné Léa, la « tricheuse » ?

La première étape a été, comme d'habitude, de nettoyer les préjugés tels que « je ne sais pas expliquer, c'est comme ça ». Pour ébranler cette fausse croyance, je suis passé de la généralisation à des situations plus spécifiques, pour analyser séparément les difficultés rencontrées : « je ne sais pas expliquer ce qu'est la démocratie », « je ne sais pas décrire les objets ». J'ai aussi demandé à Léa de m'expliquer quelque chose qu'elle connaît très bien et j'ai noté ses (longues) explications sur un jeu vidéo qui la passionne.

En lisant ce texte, elle a pris conscience de sa capacité à expliquer. Nous avons analysé ensemble sa façon d'expliquer, peaufiné le texte et ainsi rédigé sa propre « recette » d'une bonne explication. Par exemple, pour décrire une chose, elle peut partir du plus général (des grandes catégories) pour aller vers le particulier, elle peut situer la chose dans un contexte, dresser une liste de caractéristiques puis donner des exemples et même un contre-exemple… jusqu'à obtenir une définition qui lui convienne.

Je l'ai ensuite invitée à appliquer cette recette à la description d'un objet au hasard. Ce qu'elle a fait relativement facilement. Léa a tenté de faire de même avec la description de la démocratie, en vain. En l'occurrence, c'est la méconnaissance de la notion à définir qui posait problème. Et la phrase de Nicolas Boileau « ce que l'on conçoit bien s'énonce clairement, et les mots pour le dire arrivent aisément » est également valable pour le HP. Léa était incapable d'expliquer ce qu'est la démocratie à cause du « flou » qui entourait cette notion dans son esprit. Elle était bloquée dès le début, en cherchant une première grande catégorie. Léa ignorait simplement qu'il s'agissait d'un système politique. Cette information supposée évidente lui était inconnue et cela bloquait tout le processus. Léa a donc pris quelques minutes pour effectuer des recherches sur le sujet et a pu en faire ensuite une très bonne description.

Lors des séances suivantes, les croyances négatives s'estompaient au profit de la confiance. Nous avons pu travailler sur les raisonnements mathématiques. Comme pour le cuisinier de notre exemple, je l'ai accompagnée, toujours avec patience et bienveillance, pour trouver sa manière de découper ses raisonnements en étapes, de plus en plus petites.

Léa a aujourd'hui 16 ans. Contactée à l'occasion de l'écriture de ce livre, elle dit ne pas comprendre le blocage qu'elle avait sur une compétence si évidente pour elle maintenant.

> Pour rappel, le mode Hyper-Préfrontal analyse très rapidement beaucoup d'informations. Il « survole » celles qui relèvent de l'évidence pour lui, sans avoir à les ramener au niveau conscient. Il les traite « automatiquement », « implicitement »…
>
> Pour bien comprendre, on peut faire ici une analogie entre la difficulté qu'éprouve le HP à expliquer « son implicite » et celle que l'on peut éprouver pour décrire précisément et étape par étape comment garer une voiture. Bien sûr, on connaît les grandes étapes mais la procédure reste difficile à détailler. Ce n'est pas impossible, mais cela demande un effort. À part pour les moniteurs d'auto-école qui ont l'habitude de conscientiser et de verbaliser ces étapes.

Comme dans l'exemple du stationnement ci-dessus, il n'y a pas de recette universelle. L'objectif est d'aider chaque HP à prendre conscience qu'il sait expliquer et à trouver sa propre manière d'y parvenir.

Avec le temps et l'expérience, cela deviendra de plus en plus facile et il saura expliquer, comme nous le faisons en rédigeant ce livre. Non seulement le HP n'est pas condamné à ne pas savoir expliquer mais, qui plus est, il est en fait, parfois sans le savoir, particulièrement bien armé pour cet exercice.

> **À RETENIR**
>
> Une partie du traitement des informations opéré par le mode Hyper-Préfrontal ne rentre pas dans le champ de la conscience :
>
> - soit parce que la partie préfrontale est si rapide qu'elle donne l'impression de sauter des étapes,
> - soit parce que les étapes sont engrammées dans le mode automatique.
>
> *Que faire ?*
>
> Rappeler au HP l'adage « qui peut le plus, peut le moins ». Rien n'empêche les informations d'être portées dans le champ de conscience. L'accompagner, au travers d'exercices, pour l'aider à trouver sa propre méthode pour ré-accéder consciemment aux étapes de son raisonnement.

« JE MANQUE CRUELLEMENT DE MOTIVATION QUAND LE SUJET NE M'INTÉRESSE PAS »

Les parents de Philippe, 13 ans, me contactent pour son « manque de motivation » à l'école. Sa mère raconte :

« Intelligent comme il est, il lui suffirait de faire un petit effort pour réussir. La preuve, il était premier de la classe en math l'année dernière et, cette année, il décroche complètement et ne veut plus rien faire. Et ce petit malin qui avait du mal en physique maintenant y excelle. Il me fait tourner en bourrique. C'est vraiment un fainéant. Il ne travaille que quand ça l'intéresse. Il devrait apprendre le goût de l'effort. »

La motivation liée à l'intérêt est souvent citée pour décrire le fonctionnement du HP.

Bien souvent, le HP, lorsqu'il entend parler de cette caractéristique pour la première fois, trouve cela pour le moins étonnant. Ce n'est pas la notion de motivation liée à l'intérêt qui le surprend mais bien que ce soit une caractéristique spécifique du HP. Il pense que c'est le cas pour tout le monde et pas uniquement pour le HP. Et bien qu'informé, il arrive souvent que le HP continue à penser qu'une personne intéressée par ce qu'elle fait sera plus motivée que celle qui n'est pas intéressée du tout. Cependant, l'objet de ce livre n'est pas de discuter de la différence entre HP et non-HP mais de décrire l'influence de l'Hyper-Préfrontalité sur la motivation.

La motivation du HP n'est pas seulement liée à l'intérêt : l'intérêt, ou plutôt le sens que le HP y trouve, EST la motivation ! Il n'y en a pas d'autre ! Si une tâche n'a pas de sens pour le HP et son mode Hyper-Préfrontal, il n'aura pas envie de l'accomplir. Et faire sans envie de faire ne relève pas de la motivation mais d'autre chose : effort, abnégation, résignation... tout ce que l'on veut, mais pas de la motivation.

Dans cette même conception, la notion d'effort devient alors, pour le HP, une dépense supplémentaire d'énergie pour l'accomplissement d'une tâche qui n'a pas de sens. Cela renforce son sentiment de ne pas vouloir ou pouvoir l'accomplir. Face à son incapacité à remplir certaines obligations, il se lira comme fainéant, procrastinateur invétéré, dénué d'énergie ou qui mériterait des « coups de pied au derrière ».

En revanche, quand le HP s'attelle à un travail qui fait sens pour lui, il sera décrit comme motivé, voire inarrêtable. Il ne comptera pas ses heures avec un jusqu'au-boutisme parfois exagéré. Dans ces situations, il ne s'agit pas d'efforts pour le HP mais du fonctionnement de son mode Hyper-Préfrontal. Il considérera l'énorme travail fourni comme simplement... normal !

La motivation du HP à faire quelque chose est donc exclusivement liée au sens qu'il y trouve et est à deux vitesses : tout ou rien, STOP ou GO. Tout ce qu'il y a entre les deux, c'est-à-dire faire quelque chose par obligation, sans autre raison que « parce qu'il faut même si je ne comprends pas bien pourquoi », sera vécue par le HP comme un supplice, une torture. Le HP procrastinera et s'en voudra d'ailleurs de procrastiner. Il pourra aussi le faire en dilettante, en soufflant, en souffrant ou ne jamais le faire du tout, laissant s'accumuler les conséquences négatives de son inaction.

> **LES TROIS TYPES DE MOTIVATION**
>
> L'Approche neurocognitive et comportementale (ou ANC)[34] enseigne que la motivation trouve son siège dans la zone néo-limbique, dans la zone émotionnelle du mode mental automatique. Il en existe trois types :
>
> **Les motivations primaires** dont l'empreinte se fait avant même la naissance de l'enfant et jusqu'aux trois premiers mois de sa vie. Une fois installées, elles sont fixes et indestructibles. Ce type de motivation est comportemental (la motivation réside dans le faire et non dans le résultat obtenu) et énergisant (agir en accord avec sa motivation primaire ne coûte pas d'énergie mais en procure). L'ANC recense huit motivations primaires[35] : le philosophe, le novateur, l'animateur, le gestionnaire, le stratège, le compétiteur, le participatif et le solidaire.
>
> **La motivation secondaire** s'établit à partir du quatrième mois suivant la naissance : ce type de motivation, basée sur le résultat visé de l'action, est tenace mais réversible. On en distingue deux différentes :
>
> - « bonne case » : motivations qui visent un résultat désiré ; elles sont positives mais éphémères ;

---

34 Travaux publiés par l'Institute of Neurocognitivism.
35 Voir *infra*, « Et ma tendance à procrastiner, on en parle ou pas ? ».

- « mauvaise case » : motivations qui visent à tout faire pour éviter quelque chose que l'on déteste ; elles sont négatives mais tenaces ; elles peuvent toutefois être réversibles en travaillant sur la rigidité.

Les motivations velléitaires peuvent être d'origine culturelle comme la mode ou les bonnes résolutions de début d'année, par exemple. Elles sont positives ou négatives et très fragiles. La motivation velléitaire n'est suffisante pour générer l'action que si un investissement limité amène des résultats rapides et satisfaisants.

Qui n'a jamais été confronté au célèbre « range ta chambre » ? Dans cette situation, quel type de motivation déclenche l'action de ranger (ou pas) sa chambre ?

Dans la motivation primaire, je range ma chambre parce que j'aime l'action de ranger.

Dans la motivation secondaire positive (dite « bonne case »), je range ma chambre car j'aime quand elle est bien rangée (ou parce qu'il est important pour moi que ma copine arrive dans une chambre nette, nous y reviendrons).

Dans la motivation secondaire négative (dite « mauvaise case »), je range ma chambre parce que je ne supporte pas le désordre.

Dans la motivation velléitaire positive, je n'y vois pas d'intérêt mais je sais que je dois ranger ma chambre parce que ça fera plaisir à mes parents.

Dans la motivation velléitaire négative, je n'y vois pas d'intérêt mais je sais que je dois ranger ma chambre parce que je n'ai pas envie de me faire punir (et encore).

Quelles premières conclusions peut-on en tirer ?

La motivation primaire ne s'apprend pas. Elle n'appelle pas de questionnement particulier. Elle est présente. Tirons-en parti.

Les motivations dites secondaires s'acquièrent ou s'atténuent par l'apprentissage.

Quant aux motivations velléitaires, il n'est pas possible de les transformer en motivations secondaires simplement en argumentant. C'est pourtant souvent notre premier réflexe. C'est ainsi que la maman de Philippe (voir encadré) lui colle l'étiquette de fainéant, ajoutant qu'il ne pourra rien faire de sa vie. Entendant cela, Philippe risque de le prendre comme une vérité et de l'inscrire parmi ses propres croyances avec des conséquences sur son estime de soi et ses futures (in)actions.

En revanche, Philippe, aussi roi du désordre dans sa chambre, verra sa motivation velléitaire devenir une motivation secondaire sans intervention extérieure lorsqu'il apprendra que sa petite amie débarque dans la demi-heure. Il rangera sa chambre à une vitesse grand V car cela aura du sens pour lui.

Le sens ne relève donc pas tant du mental que de l'émotionnel.

L'ANC de Jacques Fradin permet d'identifier les motivations primaires et secondaires. De faire souffler le vent des primaires dans la vie de tous les jours pour gagner en énergie et, via la gestion des modes mentaux, de diminuer les « allergies » des motivations secondaires, etc.

La motivation secondaire est gérée par le mode mental automatique qui est immédiat, fixe et rigide.

La motivation à deux vitesses du HP : STOP ou GO

Chez le HP, la partie préfrontale de son mode mental hybride peut intervenir et « brouiller » le lien qui déclenche automatiquement les motivations secondaires. Son analyse s'insère avant l'action et va amener ouverture et souplesse dans les certitudes que sont les motivations secondaires.

Les motivations secondaires du mode Hyper-Préfrontal, qui ne sont pas particulièrement bien ancrées, tombent alors en motivations velléitaires. C'est ce mécanisme qui explique le STOP ou GO en termes de motivation chez le HP.

Le mode GO se caractérise par une motivation forte, dans laquelle le HP travaille sans compter les heures et pourra être considéré comme inarrêtable, voire maniaque.

Il correspond à l'un des cas suivants ou une combinaison de ceux-ci :

- une motivation primaire purement comportementale et énergisante indépendamment du résultat ;
- des motivations liées à l'intérêt, qui sont des motivations secondaires bien ancrées résistant à l'analyse du préfrontal. Cela se traduit par une haute motivation, parfois même irrépressible, tendant soit à un résultat souhaité, soit à éviter une situation à tout prix ;
- des motivations velléitaires quand elles amènent des résultats rapides et satisfaisants.

Que faire quand c'est STOP ?

En mode STOP, l'immobilisme du HP lui apparaît comme insurmontable sans en comprendre l'origine. Le HP qui ignore le mode de fonctionnement de ses motivations ne comprend pas pourquoi, lui, « n'y arrive pas ». Il pourra, comme son entourage, se coller l'étiquette de fainéant, d'irresponsable, incapable de faire preuve de courage, de prendre sur soi… La tentation est alors forte de vouloir lui apprendre à se faire violence, à faire preuve de « maturité », d'abnégation, de responsabilité, bref, de « courage » !

> **ATTENTION AU SYNDROME DU « COUP DE PIED AU CUL »**
>
> La lecture de la motivation peut se faire à travers l'exemple des régimes alimentaires basés sur la privation temporaire : un mois sans tel ou tel aliment, sans sucre, sans féculent... Ces régimes se vivent dans la souffrance, avec beaucoup de « craquages ». Les kilos ainsi perdus sont souvent repris par effet yoyo. À la fin d'un mois sans lipides, le corps ainsi privé se mettra à davantage stocker les graisses.
>
> Les nutritionnistes actuels misent sur le changement des habitudes alimentaires. Équilibrer les repas et rationaliser leurs horaires aura un impact plus durable sur la ligne avec moins de sentiment de privation. Vous saurez que c'est gagné quand les nouvelles habitudes seront ancrées et considérées comme normales.
>
> Le travail sur la motivation suit les mêmes règles : apprendre au HP à « prendre sur lui » sans l'aider à trouver du sens à son action sera difficile, peu fructueux et peu pérenne. Lui apprendre à comprendre comment fonctionne sa motivation au sein de son mode Hyper-Préfrontal et à trouver du sens dans ce qu'il souhaite/doit accomplir, lui donnera une clé durable à sa mise en mouvement.

Travailler sur sa motivation ne consiste pas pour le HP à apprendre à faire ce qu'il n'a pas envie de faire, quand ça n'a pas de sens pour lui. Cela ne marchera pas, ou alors de façon temporaire, et toujours dans la souffrance de produire des efforts qu'il considère comme inutiles puisque dénués de sens.

Le STOP pourra être envisagé sous trois angles différents :

- motivations secondaires devenues velléitaires par perte de sens qu'il y a lieu de (re)trouver ;
- motivations velléitaires qui mènent à la procrastination ;

- motivations velléitaires qui mènent à sauter d'un centre d'intérêt à un autre.

L'intervention analytique du préfrontal du HP peut, nous venons de le voir, « enrayer » le mécanisme de motivation émotionnelle et automatique du cerveau néo-limbique (voir section précédente).

Si le sens de la tâche est trop mis à mal, la motivation peut se voir anéantie ou diminuée. Toute motivation insuffisamment ancrée peut de cette manière être reléguée en motivation velléitaire : une motivation faible, avec peu d'intérêt réel (de sens). Elle ne subsistera qu'à condition que des résultats gratifiants et facilement atteignables soient envisagés ou envisageables. À défaut, chaque action sera vue comme un effort à fournir, pénible, inutile. Chaque action, que ce soit dans la mise en mouvement ou dans la persévérance, demandera une énergie inouïe et pourra même être perçue comme quasi insurmontable.

À cette impossibilité d'agir s'ajoute, pour celui qui ne comprend pas comment il fonctionne, un autre problème de l'ordre du jugement. Jugement de soi, tout d'abord, puisque le HP se posera des questions telles que « pourquoi, moi, je n'arrive pas à faire ceci ? », « qu'est-ce qui cloche chez moi ? », « pourquoi les autres y arrivent et pas moi ? ».

Jugement des autres aussi, avec des réflexions comme « quel fainéant, il n'a aucun courage, il suffirait qu'il s'y mette, il se fiche vraiment de tout, il devrait apprendre à se faire violence, c'est comme ça, la vie, il faut faire des efforts ».

Évidemment, tous ces jugements ne font que peu de cas de toutes les occasions où le HP fait preuve d'une motivation sans borne. Ils peuvent pourtant démolir l'estime de soi et générer encore plus de blocages.

Une première piste de travail sera donc de (re)trouver suffisamment de sens pour faire remonter la motivation velléitaire en une motivation secondaire.

Les virements bancaires

Deux amies, Naïma et Juliane, ont le même souci : effectuer des paiements est vécu comme une obligation à faire, « parce qu'il faut », une corvée à laquelle elles ont chaque fois énormément de mal à se plier.

Elles ont beau savoir qu'il faut le faire, qu'il y a des avantages à payer en temps et en heure, qu'il existe des risques notamment financiers à ne pas le faire, cela ne fait pas sens pour elles et les factures s'entassent.

Répéter mille fois ces risques et ces avantages ne fonctionnera pas sur leur motivation.

En revanche, aider, elles adorent. Quand il s'agit d'effectuer les virements de leurs proches à leur place, elles y parviennent avec facilité et entrain.

Elles proposent alors de faire chacune les versements de l'autre.

Quand elles se retrouvent à effectuer les paiements l'une pour l'autre, ça n'a (plus) aucun sens de ne pas faire soi-même ses propres paiements. En effet, il est plus facile de procéder à ses propres paiements puisque l'on a la connaissance du processus, des mots de passe, le matériel de « banking » adéquat…

Dans ce contexte, il devient insensé de ne pas faire chacun les siens ! Et depuis, quelque chose s'est débloqué et elles font leurs virements plus facilement.

Elles n'ont pas trouvé un nouveau sens à le faire, mais il n'y a plus désormais, pour elles, que faire qui a du sens.

Effectuer leurs paiements est devenu une motivation secondaire suffisamment ancrée pour ne plus être remise en question par l'analyse du préfrontal.

L'exemple ci-dessus illustre bien le fait que, une fois le sens de l'action suffisamment ancré dans le cerveau émotionnel, la motivation peut revenir automatiquement et demander beaucoup moins d'efforts.

Mais parfois, le sens trouvé n'est pas suffisamment fort ou pas assez personnellement approprié pour faire remonter la motivation en « secondaire ». La motivation restera de l'ordre du velléitaire et devra, pour la mise en mouvement, être perçue comme un ensemble de petites étapes accessibles et gratifiantes. À défaut, le HP tombera dans le piège de la procrastination : l'impossibilité d'agir alors qu'il a conscience de la nécessité.

> ### À RETENIR
>
> Le HP paraît infatigable dans ses motivations les plus fortes, celles qui font sens pour lui.
>
> En revanche, le fonctionnement hybride du mode Hyper-Préfrontal transforme les motivations plus fragiles en motivations velléitaires.
>
> Ces dernières nécessitent des résultats positifs et rapides avec un investissement minimum, à défaut les motivations ainsi fragilisées risquent de disparaître et l'action devient impossible.
>
> Devant son incapacité à se mettre en mouvement, le HP en proie à la culpabilité se demande pourquoi, lui, n'arrive pas à se faire violence.
>
> Il peut être vu, par lui-même et par les autres, comme irresponsable ou fainéant.
>
> *Que faire ?*
>
> Adopter une approche pédagogique des mécanismes de la motivation et du mode Hyper-Préfrontal.

> Par le biais de cette nouvelle compréhension, le HP pourra cesser de se dévaloriser, découvrir sa propre manière de trouver du sens aux obligations et les transformer en réelle motivation.

« Et ma tendance à procrastiner, on en parle ou pas ? »

Plusieurs raisons peuvent expliquer la procrastination et plusieurs pistes permettent de s'en défaire. Nous examinerons quelques cas de procrastination classique. Puis nous aborderons le cas particulier, plus propre au HP, des motivations secondaires tombées en velléitaires par brouillage du préfrontal.

L'absence de motivation primaire

Une activité que l'on n'aime pas sera toujours plus fastidieuse. Il ne s'agit évidemment pas de ne faire que ce que l'on aime mais de tirer parti de ses motivations primaires autant que possible.

CARACTÉRISTIQUES DES MOTIVATIONS PRIMAIRES	
Motivation primaire	aime
Le philosophe	Faire à son rythme Être spontané, authentique Positiver, être optimiste Valoriser la nature et le naturel
Le novateur	Expliquer, démontrer Innover, inventer Concevoir, abstraire Nuancer, relativiser Responsabiliser

L'animateur	Voyager, bouger, pratiquer du sport Aborder les inconnus Vendre, animer Créer, jouer, plaisanter Prendre des risques
Le gestionnaire	Gagner de l'argent, du temps Gérer, organiser, trier, classer Faire de ses mains, bricoler Simplifier, faciliter l'ergonomie Développer la sécurité, la qualité
Le stratège	Diriger, orchestrer, décider Déléguer, accoucher les talents Être raffiné, élégant, bien éduqué Avoir du tact, de la délicatesse Faire ou recevoir des cadeaux
Le compétiteur	Relever des défis Être bref, clair et précis, factuel Se dépasser, dépasser les limites Valoriser le mérite, l'effort Avoir de l'esprit critique, être original
Le participatif	Assister, seconder Agir en équipe, partager Séduire, plaire, se faire protéger Créer le lien, accueillir S'occuper des enfants, éduquer
Le solidaire	Donner, être généreux, serviable Rester simple, modeste, discret Être disponible, scrupuleux Aider les démunis, les exclus Faire des tâches ingrates, pénibles

Par exemple, pour se mettre à étudier, un participatif pourra travailler en groupe ; un compétiteur se lancera des défis ; un philosophe inclura des longues pauses dans son planning.

Parsemer sa vie de ses motivations primaires permet de profiter du regain d'énergie qu'elles donnent.

La procrastination liée au perfectionnisme

Elle n'est pas propre au HP mais c'est un piège dans lequel il peut tomber facilement, même si cela se passe souvent de façon inconsciente.

Le HP peut avoir tendance à remettre à plus tard par une sorte de découragement.

La nuance du préfrontal vient s'immiscer et lui rappeler que la perfection qu'il vise consciemment ou inconsciemment est inatteignable, ce qui peut le mener à l'épuisement ou le décourager.

Parfois, ce n'est pas la perfection qu'il vise mais… à ne pas commettre de faute, d'erreur, ce qui est également illusoire, épuisant et décourageant. Et comme on peut toujours faire mieux, vouloir faire le maximum n'a aucun intérêt, cela équivaudrait à s'époumoner en courant sans fin vers l'infini. Le perfectionnisme du HP et son mode Hyper-Préfrontal peuvent aussi le freiner dans ses motivations voire le bloquer totalement, tant qu'il n'a pas la certitude qu'il sait comment faire[36].

La procrastination peut également être un mécanisme de défense. Le HP reconstruit sans cesse sa réalité en fonction des événements. Partant, la perspective d'un échec, en s'étant vraiment donné à fond, est terrifiante voire insupportable pour peu que son estime de lui-même soit déjà fragilisée. Il y a quelque chose de confortable à faire au dernier moment et donc à ne pas se donner à fond. Faire le maximum est vain puisque le maximum n'existe pas. Le HP va donc

---

36 Voir *infra*, « Comment lutter contre le syndrome de la "Montagne Floue" ? »

déterminer, consciemment ou inconsciemment, le minimum de temps acceptable à dédier à la tâche. Il va donc repousser le travail jusqu'au dernier moment, et même souvent au-delà. En cas d'échec, le HP se dira au fond de lui qu'il aurait pu mieux faire puisqu'il n'a pas « tout donné ». Sa confiance en lui et en ses capacités sera préservée. En revanche, en cas de réussite, le HP pourra se sentir fier d'avoir réussi… en ayant si peu travaillé !

Procrastination et temporalité

Le moment de faire est un grand classique qu'il ne faudrait pas oublier de mentionner. En effet, à la question du sens de l'action s'ajoute celle de la nécessité de le faire dans l'instant : « Pourquoi faire aujourd'hui ce que je peux très bien faire demain ? » et « Quel avantage ai-je à le faire maintenant ? ».

Par où commencer : faire du skate ou ses devoirs ?

Oscar est fan de skate. Tous les jours en rentrant de l'école, il a envie de prendre sa planche. Et chaque fois, il se pose la même question (ou ses parents la lui posent) : quand faire ses devoirs, avant ou après le skate ?

En partant immédiatement pour le skatepark, Oscar risque de ne pas profiter pleinement de son plaisir. Une petite voix lui rappellera qu'il n'a pas encore commencé ses devoirs.

En terminant d'abord ses devoirs, Oscar repousse la pratique de son hobby, mais pourra se sentir libéré d'avoir fini ses exercices pour l'école et s'améliorer en flips, slides, ollies et autres figures.

Cette situation n'est pas l'apanage du HP. En revanche, chez le HP, ce dilemme peut être décuplé en raison de son mode de fonctionnement Hyper-Préfrontal. Il sera tiraillé entre son intérêt à faire du skate et le sens qu'il donne à ses devoirs.

Dans ce cas-là :

- il pourra choisir le skate avant les devoirs alors que son cortex préfrontal lui fera anticiper les conséquences de ne pas avoir terminé ses devoirs. Il ne pourra pas profiter pleinement du skate et fera ensuite ses devoirs avec des pieds de plomb ;
- il peut choisir les devoirs avant le skate alors que son cortex préfrontal n'y trouve pas de sens. Il restera devant sa feuille sans motivation, en procrastinant, tout en tirant des conclusions négatives sur lui-même en général, et sur sa capacité à travailler en particulier.

Le cas des motivations secondaires tombées en motivations velléitaires

Nous avons vu plus haut que l'intervention de l'analyse préfrontale du HP peut faire tomber les motivations secondaires insuffisamment ancrées en motivations velléitaires. C'est ce qui explique notamment le fonctionnement STOP ou GO du HP en termes de motivation.

La motivation secondaire déclassée dont nous parlons ici est plus spécifique au HP : elle fait plus sens que les velléitaires « classiques », mais pas suffisamment pour résister à l'analyse du préfrontal et rester dans la catégorie des motivations secondaires.

Il faut donc comprendre que cette forme de motivation revêt « l'importance » pour le HP d'une secondaire classique (on ne parle pas du rêve de faire une carrière dans le cinéma ou des résolutions du début d'année en termes de sport ou de régime alimentaire) mais avec les fragilités de toutes les motivations velléitaires. Or les motivations velléitaires ne sont suffisantes pour générer l'action que si un investissement limité amène, ou peut amener, des résultats rapides et satisfaisants.

La représentation mentale que se fait le HP de la tâche a donc une importance capitale. S'il perçoit le travail à accomplir comme une suite de petites tâches claires, il pourra se mettre en mouvement. À défaut, si la tâche est perçue comme massive et peu claire, le HP risque d'être enferré dans la procrastination. C'est ce que nous appelons « le syndrome de la Montagne Floue ».

Comment lutter contre le syndrome de la « Montagne Floue » ?

Les motivations se situent dans le mode mental automatique, dans l'émotionnel. Le syndrome de la « Montagne Floue » provient donc de l'intervention de l'analyse du cortex préfrontal à deux niveaux :

Elle fait tomber les motivations secondaires non suffisamment ancrées en motivations velléitaires.

Par sa capacité à faire des liens, à anticiper, le mode Hyper-Préfrontal tend à se représenter les tâches, même les plus simples, comme un nœud de scénarios possibles, de problèmes éventuels : une montagne floue et peu engageante. Ce qui est précisément à proscrire face à une motivation velléitaire. Le HP dans cette situation se retrouve bloqué dans l'immobilisme, incapable de lutter contre sa propre inertie.

L'informatique en est une excellente illustration. La plus complexe des opérations n'est en fait qu'une succession de petites opérations élémentaires.

De même, la clé de la motivation réside dans la représentation mentale de la tâche, découpée en petites étapes claires, accessibles et gratifiantes :

1) Prévoir des petites étapes et se focaliser uniquement sur la première : pour la mise en mouvement, il ne faut pas hésiter à morceler énormément jusqu'à obtenir la plus petite étape possible qui ne demande pas beaucoup d'énergie. Par exemple, pour démarrer une voiture, il s'agit d'ouvrir la portière. Pour faire son jogging, une première étape peut être de sortir ses chaussures du placard, puis

son short de l'armoire et ainsi de suite, en ne se focalisant que sur une tâche à la fois. Et s'il faut trois minutes entre la première et la deuxième étape, ainsi soit-il. L'idée principale est d'enchaîner les premières étapes jusqu'à ce que l'inertie change de camp. En effet, l'inertie empêche aussi d'arrêter ce qui est en mouvement. Une fois sorti, chaussures mises et survêtement enfilé, il est plus facile de commencer à courir que de rentrer se changer, même s'il se met à pleuvoir.

Ce mécanisme n'est pas seulement utile lors de la mise en mouvement mais également en cours de projet. La démotivation peut survenir au milieu d'une tâche si la suivante est perçue comme trop grande. Pour poursuivre dans l'exemple du jogging, si tourner à gauche implique une trop grande montée, la tentation sera grande d'effectuer un demi-tour. Se focaliser sur la prochaine foulée, sans anticiper le haut de la côte, peut constituer l'étape acceptable.

2) Faire de ces étapes des passages clairs et accessibles : la tâche doit être suffisamment petite mais aussi claire et accessible. À défaut, le perfectionnisme du HP risque de jouer les trouble-fête. Le HP doit être persuadé de savoir comment réaliser la tâche. Par exemple, il peut se sentir à l'aise avec Excel, pas parce qu'il en connaît toutes les fonctions, mais parce qu'il sait comment chercher les solutions en cas de blocage. En revanche, n'ayant pas compris quels vêtements peuvent être mis ensemble dans une machine à laver et avec quel programme, faire une machine lui paraît insurmontable et son action s'arrête au bac à linge. Celui qui sait utiliser la fonction d'aide d'Excel et celui qui sait trier le linge sont certains de leur capacité et ne comprennent pas le blocage de l'autre.

3) Célébrer chaque étape : la motivation, par essence émotionnelle, fonctionne par récompenses. L'industrie des jeux vidéo, notamment, l'a bien compris. En découpant les sessions dans le temps, chacune permettant d'obtenir telle ou telle récompense, elle pousse le joueur à sans cesse en lancer « encore une ». Chaque récompense booste la dopamine, donc le bien-être. Si la prochaine étape est accessible et gratifiante (encore deux victoires et je débloque ceci), la motivation suivra de façon naturelle et automatique. Ce mécanisme est universel, chez les enfants comme chez les adultes : des gommettes à l'école, en passant par les badges dans les applications de running ou les jetons chez les alcooliques anonymes, ces « incentives[37] » sont légion et fonctionnent.

> **Trop dur l'anglais, really ?**
>
> Astrid doit passer son examen d'anglais la semaine prochaine. Réviser l'horrifie, tellement il y a de règles à revoir. Son livre pèse une tonne ! Trop c'est trop, elle n'y arrivera jamais.
>
> Elle peut décider de ne rien réviser et connaît déjà sa note.
>
> Elle peut aussi choisir de diviser son livre en choisissant la notion qu'elle va aborder en premier : la grammaire, le vocabulaire ou la conjugaison.
>
> Une fois ce choix fait, elle réalise qu'elle peut encore découper des parties et choisir de réviser d'abord les utilisations de « can » et « could » par exemple. Cela devient plus concret, plus petit et plus facile, voire plus agréable.
>
> Une fois la règle « can-could » apprise, Astrid va tourner une à une les autres pages dans le sens qu'elle aura décidé. Elle va enchaîner les règles en les découpant en petites tâches claires. En fin de compte, elle aura révisé une très grande partie du livre, elle sera très satisfaite de ce qu'elle a réalisé, et ce sans éprouver de fatigue particulière ni de difficulté comme elle se l'était imaginé au début.
>
> Son livre qui pesait une tonne est devenu un ensemble de petits feuillets de dix grammes chacun.
>
> Ce découpage, on le retrouve parfois dans les séries TV. Qui aurait envie de regarder un film de huit heures sur les premières

---

37 Moyens de stimuler la motivation d'une personne.

> années de la vie de la reine Élisabeth II ? En revanche, si on le découpe en plusieurs parties… vous pouvez passer toute la nuit à enchaîner les épisodes de *The Crown*.

Cette technique du morcellement est valable pour une grande tâche ou pour une action inhabituelle, mais également pour organiser une multitude d'activités de tous les jours. Visualiser et organiser les étapes clairement, bien séparées les unes des autres, enlèvent déjà beaucoup de freins.

À défaut, si les avantages ne sont pas à la hauteur des difficultés, si le sens n'y est plus, la motivation peut disparaître et l'intérêt se détourner sur un tout autre sujet. Le risque est alors d'être vu comme commençant trop de choses sans jamais aller jusqu'au bout.

À RETENIR

La procrastination chez le HP peut avoir plusieurs causes : l'absence de motivation primaire, une motivation de type velléitaire, le perfectionnisme ou la représentation du temps.

La démotivation peut aussi être due à une représentation mentale décourageante des tâches à accomplir.

Que faire ?

Apprendre au HP à reconnaître ses représentations mentales décourageantes des tâches et les découper en petites étapes claires, accessibles et gratifiantes.

« Je change (trop) souvent de centre d'intérêt »

- Mes enfants sont instables : jamais ils ne « persévèrent » dans un domaine, que ce soit à l'école ou dans les différents sports qu'ils pratiquent.
- Je commence trop de choses sans aller jusqu'au bout.
- Ma femme se moque de moi en me demandant de quelle passion je vais m'amouracher cette année.

Ce sont quelques exemples fréquents de réflexions que nous entendons de la bouche de HP ou de leurs proches.

L'ouverture et la curiosité sont des caractéristiques intégrées au mode Hyper-Préfrontal. Le cortex préfrontal étant souvent sollicité, il est naturel pour le HP de se découvrir une multitude de centres d'intérêt. Il aime entreprendre de nouvelles activités, explorer de nouveaux territoires qu'il appréhende avec facilité et intérêt… jusqu'à un certain point… Puis il se désintéresse et passe à autre chose, avec la même avidité.

Le HP peut donc papillonner et multiplier hobbies, passions, études ou professions, au risque de se perdre mais aussi de se le voir reprocher par la société actuelle.

À entendre de façon récurrente qu'il faut persévérer pour réussir et que papillonner est une perte de temps, il se sent… perdu ! Il se demande pourquoi, lui, n'arrive pas à choisir, à fixer son intérêt sur le même sujet pendant plus de quelques mois ou quelques années alors que « les autres », eux, peuvent le faire toute une vie durant. Et il s'en veut.

Pour éviter la litanie de reproches, il peut même aller jusqu'à se refermer sur lui-même, s'éteindre et ne plus s'intéresser à rien. Le HP se sent alors un peu comme un extra-terrestre… bizarre… incapable de se fixer et il en ressent un mal-être continu.

SE RETROUVER ENTRE HP : BONNE OU MAUVAISE CHOSE ?

Avec les réseaux sociaux commencent à se rassembler sous un même étendard des groupes de personnes qui se retrouvent dans ce mode de fonctionnement. C'est une bonne chose de pouvoir rencontrer d'autres personnes qui éprouvent les mêmes difficultés et connaissent des situations similaires. On se sent moins seul au monde, moins bizarre, on se sent peut-être même compris et accepté pour la première fois, et on respire.

Heureusement que ce genre de groupes existe… jusqu'à un certain point. Cela comporte en effet quelques risques. Tout d'abord, celui de s'enfermer et de ne plus interagir qu'avec des membres de son groupe et ainsi manquer d'ouverture au monde.

Au niveau identitaire, le risque existe aussi de se coller soi-même une étiquette de haut potentiel émotionnel, multi-potentiel ou zèbre (avec parfois une interprétation de ces concepts s'écartant de la définition qu'en donnaient initialement leurs auteurs), parfois sans autre forme de diagnostic que celui de se retrouver dans les témoignages d'autres personnes autodiagnostiquées pour les mêmes raisons.

Si vous avez déjà visité un site internet « médical » pour effectuer une recherche sur un symptôme que vous présentez, vous comprendrez qu'il faut être prudent avant d'autodiagnostiquer l'étrange bouton apparu sur votre bras comme un cancer de l'orteil gauche qui vous tuera dans les trois jours.

Toutefois, quand bien même la nouvelle étiquette serait erronée, si elle apaise, alors pourquoi pas ?

Le danger réside dans une sorte de biais de confirmation qui donnerait l'impression d'être condamné ou absous. Condamné à souffrir à force d'être trop ceci ou pas assez cela, ce qui peut mener à la résignation. Absous de réagir ou se comporter de manière inappropriée parce que l'on est comme ça et les autres doivent l'accepter.

> Rencontrer des gens qui vivent des situations similaires est salutaire et peut aider à s'accepter et se comprendre. La compréhension de soi ne doit jamais restreindre mais bien étendre les choix qui s'offrent à nous.

Dans la petite enfance, la curiosité dont fait preuve le HP est valorisée. Personne ne dira d'un enfant de 3 ans qu'il s'éparpille. Toutefois, très tôt, si l'enfant émet le souhait de changer trop souvent d'activité extrascolaire, les premiers reproches peuvent survenir. Le premier réflexe d'un parent à qui son enfant annonce vouloir à nouveau commencer un autre sport ne sera pas de s'extasier devant l'ouverture de son fils ou de sa fille.

> ### Un spécialiste de l'inconstance ?
>
> Arsène a 15 ans, il termine sa deuxième année de football. C'est l'un des meilleurs joueurs de son équipe. Il souhaite pour autant découvrir un autre sport. Arsène est un récidiviste. Il a déjà pratiqué le basket, le hockey et le handball.
>
> Son père ne comprend pas cette nouvelle demande. Il dit d'ailleurs à son fils que, s'il y a un domaine où il excelle, c'est celui de l'inconstance. Pour lui, son fils manque de persévérance : « À toucher à tout, il ne trouvera jamais sa place. » Il s'inquiète aussi car il assimile les demandes d'Arsène à des possibles fuites en avant quand l'exigence sportive demande des efforts pour s'améliorer.
>
> Ce garçon ne souhaite pas forcément abandonner le football. Sa motivation à découvrir un autre sport est plus forte, comme celle d'un musicien qui passerait d'un instrument à l'autre, du piano à la trompette ou de la batterie à la guitare. Certes, il convient de faire attention à ce que cet éparpillement ne cache pas une faille. Mais il est tout aussi important de relier ce souhait

> de changer de sport à la soif de découverte d'Arsène, poussé par sa curiosité, par son mode de fonctionnement Hyper-Préfrontal.
>
> La société a tendance à valoriser la constance, la spécialisation, l'effort. Arsène irait donc à contre-courant de cette sorte de sagesse populaire. Et pourtant, il reste constant : constant dans ce qui le motive, c'est-à-dire découvrir, tester, essayer et connaître. Cela peut être une force.
>
> Si la réaction première du père peut s'expliquer, il convient de veiller à ne pas briser les élans du fils par simple rejet du changement ou en raison d'une interprétation erronée de la situation. Il n'y a pas d'obligation à exceller dans un domaine, on peut également être bon dans de nombreuses spécialités, sans en devenir un expert.

Les choses commencent à se corser à l'école, au moment des premières options à choisir. À 12 ans, la question est vécue comme le début d'une véritable carrière qui durera des années. Un choix qui, au fil des ans, s'apparente de plus en plus à un renoncement définitif à certaines voies. Le champ des possibles tend à se rétrécir à chaque choix de direction dans les études.

La curiosité naturelle du HP n'est alors plus perçue comme une liberté mais comme un handicap. Il peut se trouver paralysé, dans l'impossibilité de choisir parce que trop d'options différentes lui conviendraient. Il peut aussi réagir en choisissant, parfois par dépit, la voie qui lui fermera le moins de portes, celle qu'a suivie un ami ou un parent, voire suivre le hasard.

Il pourra aussi se fier à sa passion du moment, se laissant guider par l'intérêt temporaire pour un domaine. Et quand celui-ci diminue, qu'il a l'impression d'avoir fait le tour du sujet, s'orienter vers tout autre chose.

À force de se sentir ballotté entre ses élans de motivation et les crises de désintérêt qu'il ne maîtrise pas, il sent qu'il subit un mode de fonctionnement qu'il ne comprend pas. Le HP court le risque de se résigner à zigzaguer toute sa vie : « Je suis comme ça, tant pis, je suis incapable de choisir une voie et de m'y tenir. » Au risque de se perdre.

> #### Changer de job : instabilité ou curiosité ?
>
> Eleni est HP. Elle a 35 ans et vient de quitter son emploi qui ne faisait plus sens à ses yeux depuis trop longtemps. Elle voudrait trouver un nouveau métier. Ce n'est pas la première fois qu'elle change complètement d'orientation professionnelle. Le problème est qu'elle ne sait pas exactement dans quoi se lancer puisqu'elle a de très nombreuses compétences et centres d'intérêt.
>
> Elle fait déjà partie d'un projet d'écriture d'un court métrage pour la télévision et envisage d'en réaliser un autre, seule. Elle a de l'expérience en la matière et pense réaliser un documentaire photo. Le souci est que cela porte sur plusieurs années et qu'elle ne sait pas quel sujet précis choisir parmi tous ceux auxquels elle pense. Une autre possibilité serait d'entamer une formation dans un tout nouveau domaine : en médiation, en décoration d'intérieur ou en astrophysique.
>
> Ses proches la soutiennent mais semblent lui dire que, si elle est libre de choisir sa voie, ce serait bien que, cette fois-ci, ce soit la bonne. Face à la multiplicité de ses choix, Eleni se sent perdue et vient consulter en coaching pour y voir plus clair dans le choix à opérer.
>
> Bien sûr, ne voulant pas décevoir sa famille, Eleni envisage également de reprendre l'emploi qu'elle vient de quitter puisque, dit-elle : « Je me connais, je m'emballe, je me lance et puis j'arrête. Peut-être devrais-je me calmer et rester là où je suis sans entraîner ma famille dans mes lubies ? »

La situation d'Eleni est un bon exemple du problème auquel peut être confronté le HP. Même si cette femme a de l'expérience dans de nombreux domaines, elle a tendance à être perçue par la société, ses proches, voire par elle-même, non pas comme ayant beaucoup de cordes à son arc, mais plutôt comme quelqu'un de « professionnellement instable ». Elle se sent perdue, peu sûre d'elle et ira jusqu'à dire qu'elle culpabilise « d'être comme ça ». Eleni est donc également prête à étouffer ses ambitions et reprendre son précédent emploi dans lequel elle se sentait pourtant malheureuse.

Que faire si cela vous arrive ? Comment allier curiosité et stabilité ?

C'est vrai qu'il vaut mieux éviter de se perdre, de voguer à la dérive au gré de ses pulsions du moment sans aucune vision à moyen ou long terme. Il est donc quelque part légitime pour les parents, les proches, soi-même ou la société en général de s'assurer d'une sorte de cap.

Toutefois, il convient également de se débarrasser dès le départ de l'idée qu'il faudrait un chemin unique, une voie toute tracée, par une sorte de déterminisme à outrance. Une voie dont tout écartement serait synonyme d'échec, d'abandon ou d'instabilité.

La clé est d'accepter sa compétence d'intérêts multiples pour en tirer profit comme on tire profit de compétences en mathématiques pour devenir financier. Or la société commence à éventuellement accepter la multidisciplinarité quand la personne atteint un niveau d'expertise dans deux domaines au minimum, et si parmi ces domaines figure une activité dite noble, alors la critique fait place aux louanges !

> Laurent Karila est un psychiatre français spécialisé dans l'addictologie, présent dans les médias et fan affirmé de heavy metal. Il a même écrit les paroles d'albums du groupe Satan Jockers. Il lui a été reproché de se disperser et de se désintéresser de ses patients en raison de sa présence sur les plateaux télé et dans les salles de concerts. Mais lorsqu'il a ajouté l'enseignement à

> ses domaines d'expertise, tout le monde s'est mis à l'adorer et à soutenir ce qu'il faisait[38]. Lui n'a pas changé. C'est le regard des autres sur lui qui a évolué.

La compréhension de l'Hyper-Préfrontal permet non seulement d'accepter la propension à cumuler les intérêts multiples mais aussi d'en tirer parti au moment de choisir ses orientations professionnelles.

Cette compétence est une fantastique chance qui ouvre différents chemins de vie. Les intérêts multiples n'empêchent pas d'être un expert :

- soit pour toute sa vie dans un domaine particulier. En effet, choisir ce n'est pas forcément renoncer, c'est aussi fixer des priorités. Si consacrer sa vie entière à un domaine unique est ce qui fait le plus sens, rien n'empêche le HP de consacrer sa vie professionnelle à cet objectif, aidé de ses connaissances multiples ;
- soit dans plusieurs domaines en même temps, à l'instar d'Elon Musk allant de la banque à l'espace en passant par la voiture et les tunnels tout en cumulant ses expertises au services des activités qu'il entreprend ;
- soit dans un domaine après l'autre, comme Brian May qui a plusieurs cordes à sa guitare. Non seulement il est un musicien de génie, guitariste de Queen et concepteur et constructeur de sa propre guitare, mais il est également astrophysicien.

Face à des experts, le HP s'émerveille parfois devant tant de connaissances et a tendance à oublier qu'il connaît aussi des choses dans de nombreux domaines. Les intérêts multiples ne « condamnent » d'ailleurs pas à devenir expert, notamment au niveau professionnel et le HP peut tout aussi bien décider d'occuper une profession

---

38 Podcast « en mode avion » animé par Fred Testot, émission du 4 mars 2021.

simplement alimentaire et de consacrer son temps libre à la découverte d'autres domaines.

Passer de job en job est aussi une composante intéressante si l'objectif du HP est de disposer de connaissances dans divers domaines afin d'acquérir des compétences et élargir son champ de conscience, sans devenir le grand expert mondial d'un seul secteur. Papillonner – en connaissance de cause, par choix, si cela a du sens – lui permet d'accumuler les expériences professionnelles en valorisant les compétences acquises et en en engrangeant de nouvelles.

Il existe une multitude de chemins de vie possibles, en fonction des aspirations du HP, de ses ambitions, ses envies, ses croyances, ses obligations et ses responsabilités.

Dans notre métier de coach, avoir des connaissances dans de multiples domaines est une plus-value et favorise la qualité de la relation avec les personnes coachées. La curiosité y contribue également.

> **À RETENIR**
>
> Le HP peut papillonner et multiplier hobbies, passions, études ou professions, au risque de se perdre mais aussi de se le voir reprocher par lui-même ou par les autres.
>
> *Que faire ?*
>
> La clé est d'accepter sa compétence d'intérêts multiples pour en tirer profit en fonction d'objectifs personnels cohérents.

« Je voudrais enfin débrancher mon cerveau : où est le bouton "off" ? »

Pour rappel, généralement, l'intelligence adaptative prend les commandes – et toutes les commandes – du cerveau face à une situation inconnue et/ou complexe. C'est ce que l'ANC appelle le mode mental adaptatif. Le stress cognitif survient si, face à une situation complexe et/ou inconnue, le transfert de commande entre le mode mental automatique et le cortex préfrontal ne se fait pas. Le stress est donc au mental ce que la douleur est au physique : un signal que quelque chose cloche, que ce n'est pas le mode mental adéquat qui est aux commandes dans un contexte particulier. « Combattre » le stress revient donc à basculer du mode mental automatique vers le mode préfrontal.

Imaginez un jardinier qui doit arroser un jardin. Pour ce faire, il dispose de deux outils. Il a, d'une part, un système d'arroseurs automatiques, capable de couvrir de grandes surfaces rapidement, avec horaires et zones d'arrosage programmables. D'autre part, il a à disposition un second outil : le tuyau d'arrosage. Plus précis, avec une plus grande portée, il est parfaitement adapté aux situations plus délicates. Toutefois, comme il nécessite d'être manuellement dirigé, il reste, par défaut, débranché.

Le jardinier utilisera l'un ou l'autre de ces outils en fonction du contexte. S'il essaie en vain d'atteindre le petit bac à fleurs du fond avec l'arroseur automatique, il peut s'énerver de ne pas l'atteindre et de mettre de l'eau partout à moins, enfin, de basculer vers le tuyau d'arrosage et d'utiliser l'outil prévu à cet effet.

Le fonctionnement du cerveau du HP se distingue par l'intervention, parfois partielle mais quasi constante, de l'analyse préfrontale, quel que soit le contexte. Il s'agit donc d'un mode mental hybride, alliant automatique et préfrontal. Pas automatique mais pas complètement adaptatif non plus : un mode Hyper-Préfrontal.

Le jardinier HP qui doit arroser un jardin dispose des deux mêmes outils que le précédent jardinier, à une différence près : le tuyau d'arrosage est toujours branché ! Le flux s'écoule en continu. S'il peut, heureusement, toujours basculer et ne brancher que le tuyau d'arrosage en débranchant le mode automatique, ce qu'il ne peut pas faire, c'est couper le tuyau. Il ne peut pas stopper son mode adaptatif.

Le souci, c'est que le jardinier HP n'en sait souvent rien. Le mode d'emploi du système d'arrosage est le même que pour le premier jardinier. Il mentionne bien deux outils mais il ne comprend tout simplement pas comment font les autres pour aussi bien gérer ce flux ininterrompu. Il a donc le choix de prendre ce tuyau en main pour en diriger le jet ou le lâcher au risque de le voir soit s'écouler à perte dans un coin, soit, au gré du jet, arroser à tout-va de façon aléatoire. Parfois même, malgré ses efforts, il ne parvient pas à le diriger, comme une lance à incendie trop puissante pour lui.

De la même manière, l'analyse du préfrontal est constamment alimentée. Évidemment, le potentiel de cet état de fait est énorme : quand il s'agit de résoudre des problèmes complexes ou inédits, le HP est directement et naturellement armé. Ce sont les moments de grâce du HP.

Dans l'enfance, il entendra qu'il est si intelligent de savoir arroser aussi vite et si précisément le bac à fleurs du fond. Et ce qui est difficile pour les autres est facile pour lui. Toutefois, dans les contextes où il s'agit d'arroser une grande surface plane de gazon, ce sera moins évident. Là où les autres n'ont qu'à facilement programmer leur système automatique, le HP, lui, devra composer avec son tuyau d'arrosage dont il ne sait que faire. Il risque de s'emmêler les pieds dedans en tentant de le diriger au mieux ou, s'il le dépose, d'inonder toute une surface. Et ce qui est facile pour les autres est difficile pour lui.

Que peut-il se passer ?

Le HP peut toujours basculer en mode exclusivement préfrontal, par des exercices de gestion des modes mentaux, par la méditation, la pleine conscience… ce qui peut déjà lui faire des vacances. Il peut aussi se plonger dans un contexte où l'analyse préfrontale est adéquate : la lecture, les jeux de réflexion, l'art, le sport… qui amènent potentiellement aussi des moments de paix intérieure.

Mais cela ne règle pas tout. Comment procéder lorsque cette analyse préfrontale est moins pertinente, fatigante, voire intrusive ou lorsqu'elle empêche l'endormissement par exemple ? La question la plus fréquente que posent les HP est de savoir comment couper ce satané tuyau, comment arrêter ce flux de pensées éreintant à gérer ? Comment débrancher son cerveau ?

Eh bien, on ne peut pas ! Il est impossible de couper l'eau, de déconnecter le préfrontal. Plus vite le HP comprendra et acceptera cet état de fait, plus il s'épargnera frustrations, insomnies et incompréhensions diverses. Le fait est que peu connaissent leurs propres modes de fonctionnement, leur mode propre au HP que l'on a proposé d'appeler dans ce livre le mode Hyper-Préfrontal. Cela ne les empêche néanmoins pas de croire que tous les autres fonctionnent comme eux.

Le jardinier dont le tuyau d'arrosage est toujours branché doit le diriger sur les endroits les plus adaptés, éviter les parcelles où le jet pourrait s'avérer dommageable ou encore le déposer dans un coin adéquat.

De la même façon, le HP épanoui est celui qui parvient à tirer parti des deux types d'intelligence de son mode mental hybride, de son mode Hyper-Préfrontal.

Dès qu'il a assimilé que c'est impossible, le HP peut arrêter de dépenser de l'énergie inutilement à essayer de couper son préfrontal. Il peut en revanche apprendre comment le diriger sur ce qui est pertinent, tout en laissant l'automatique se charger du reste.

En comprenant les avantages et les inconvénients de ces deux types d'intelligence, il peut donc les utiliser de concert, au mieux, en fonction du contexte et bénéficier de la puissance de son mode Hyper-Préfrontal. Allier ainsi intelligences préfrontale et automatique pour qu'elles ne soient pas en conflit, mais en symbiose.

C'est cette « cohérence mentale » entre automatique et préfrontal qui est la clé de l'épanouissement du HP. C'est cette capacité à apprivoiser le fonctionnement simultané de ces deux intelligences qui est le cœur stratégique de la puissance infinie du mode Hyper-Préfrontal du HP.

Notre jardinier qui utilise l'arrosage automatique tout en tirant profit de son tuyau à bon escient, sans difficultés ni dégâts, aura non seulement un jardin superbement entretenu mais aussi l'occasion soit d'arroser quelques plantes supplémentaires, soit d'admirer son œuvre en souriant.

> **UNE HISTOIRE D'ATTENTION**
>
> L'attention est le mécanisme par lequel l'esprit conscient se focalise sur une partie réduite du monde extérieur. Elle est indissociable de deux autres mécanismes : l'inhibition sélective et la vigilance.
>
> L'inhibition sélective est un filtre opéré par le cerveau qui effacera automatiquement une information extérieure qu'il considère comme inutile. Un bruit suffisamment régulier pourra carrément disparaître du champ de perception, comme le tic-tac d'une pendule. Souvent, on ne se rend pas compte de l'inhibition de ce bruit jusqu'à ce qu'il revienne. Le mécanisme de l'inhibition sélective permet notamment l'effet tunnel, qui s'opère lorsque toute l'attention est focalisée sur une tâche ou une chose spécifique. La concentration de l'attention entraîne la disparition du reste du monde de notre champ de conscience.
>
> Cette inhibition sélective est tempérée, pour des raisons de sécurité, par le mécanisme de la vigilance. Quel que soit notre état de concentration extrême, un bruit fort et/ou inattendu

sera traité comme un danger potentiel et notre attention se portera dessus. Une forte déflagration dans un bureau rempli de personnes affairées les fera directement stopper net. Les personnes présentes rentreront alors dans un fort état de vigilance : immobiles, elles ne bougeront que les yeux ou la tête pour balayer visuellement et auditivement l'environnement, en ce compris la réaction des autres personnes présentes, à l'affût d'informations sur le bruit en question.

L'ATTENTION CHEZ LE HP

L'analyse effectuée par le cortex préfrontal est toujours active dans le cerveau du HP. Celle-ci peut se situer à différents niveaux de conscience :

Le cortex préfrontal est seul au centre de l'attention : par exemple, lorsque le HP est concentré pour résoudre un problème réellement complexe pour lui ou encore lorsqu'il semble « perdu dans ses réflexions ». Dans ce cas, l'inhibition sélective est bien à l'œuvre, provoquant l'effet tunnel classique de la concentration. Toutefois, cet effet peut être tempéré par la vigilance qui reste accrue : le cortex préfrontal continue, en parallèle, à balayer le champ de perception au cas où un stimulus extérieur « potentiellement intéressant » apparaîtrait.

Le HP peut donc tout à fait être concentré sur une tâche mais avec un mécanisme de vigilance particulièrement accru.

Le cortex préfrontal dans l'inconscient : l'analyse du cortex préfrontal peut aussi s'opérer en dehors du champ de conscience du HP. C'est le cas notamment lorsqu'il « brouille » une motivation secondaire fragile en motivation velléitaire[39] ou encore lorsque le HP donne le résultat d'un calcul tout en n'arrivant pas à expliquer son raisonnement[40]. Une partie de l'analyse est trop rapide pour être parvenue à la conscience du HP.

---

39 Voir *supra*, « Je manque cruellement de motivation quand le sujet ne m'intéresse pas ».
40 Voir *supra*, « Je peux donner une réponse rapidement, mais pas toujours le raisonnement ».

Le préfrontal du HP opère également en dehors de son champ de conscience.

Le cortex préfrontal en dehors de l'attention mais dans le champ de conscience : c'est l'exemple de l'extrait de chanson qui tourne en boucle, parfois pendant des heures, en arrière-plan alors que l'attention est portée sur une tâche en mode automatique. Mais c'est aussi lorsqu'en arrière-plan le cortex préfrontal continue d'analyser une question qui ne « mérite » pas l'attention du HP mais reste non réglée. C'est ce qui arrive quand un problème ne trouve pas de solution mais que celle-ci apparaît, comme surgissant de nulle part, alors que l'attention est portée sur autre chose, souvent sur des gestes automatiques comme au volant ou sous la douche.

Le cerveau du HP peut donc traiter des problèmes en dehors du champ de l'attention ou dans une attention partagée avec l'automatique.

La « cohérence mentale » du HP signifie que le préfrontal, le mode automatique et l'inconscient du HP poursuivent des objectifs, si pas similaires, à tout le moins homonymiques.

À RETENIR

La particularité de l'Hyper-Préfrontal est d'être un mode mental hybride dans lequel l'analyse préfrontale et le mode automatique se partagent la cognition.

La répartition des opérations entre automatique et préfrontal est cruciale mais souvent inconsciente et considérée comme incontrôlable.

La part automatique est efficace pour les tâches simples. Focalisée sur les tâches complexes, elle entraîne le stress cognitif.

> La part préfrontale est efficace pour les tâches complexes. Focalisée sur les tâches simples, elle peut être contre-productive : décalage en fonction du contexte, complexification, hypermentalisation, troubles de l'attention…
>
> La part préfrontale peut se focaliser involontairement sur un sujet contre-productif vis-à-vis de l'objectif principal du moment.
>
> *Que faire ?*
>
> Le HP qui prend conscience de ces mécanismes devient capable de choisir la répartition cognitive entre partie automatique et partie préfrontale.
>
> Une répartition efficace prendra en compte les forces et faiblesses des deux modes.
>
> La « cohérence mentale » doit également être assurée en veillant à ce que les deux parties poursuivent des objectifs qui ne soient pas contradictoires.

« Je pense trop : m'endormir, quel cauchemar »

Envahi par ce qu'il peut considérer comme des pensées parasites, le HP peut avoir énormément de mal à trouver le sommeil. Et effectivement, la question de savoir si les pingouins ont des genoux ou pas n'est peut-être pas dénuée d'intérêt, mais pas forcément à deux heures du matin !

Au moment du coucher, le cortex préfrontal peut être en roue libre et accaparer toute l'attention. Il entraîne le HP sur potentiellement tous les sujets, comme un tuyau d'arrosage peut, s'il n'est retenu par rien, prendre n'importe quelle direction et asperger n'importe quoi.

Quand il en prend conscience, le HP tend à vouloir « éteindre son cerveau » et faire cesser ces pensées parasites pour enfin dormir. Comme cela ne fonctionne pas, il s'énerve, se tourne et se retourne dans son lit en maudissant déjà le lendemain difficile. Tenter de trouver un bouton off qui n'existe pas est aussi productif que nager à contre-courant ou prendre une personne en colère par le bras en lui disant de se calmer sur un ton condescendant.

> **ACCUEILLIR SES RÉFLEXIONS COMME ON ACCUEILLE SES ÉMOTIONS**
>
> Dans ces instants, l'action à mener pour le HP avec son cortex préfrontal est la même que celle que nous pouvons tous réaliser quand une émotion surgit.
>
> Pour gérer une émotion, tout d'abord on la reconnaît, et ensuite on l'accueille. Vouloir la combattre ou l'étouffer ne ferait qu'amplifier le phénomène et décupler le ressenti.
>
> En l'acceptant, on comprend davantage le besoin qu'elle exprime et il est plus facile d'y répondre et de l'apprivoiser, notamment pour éviter qu'elle nous envahisse et nous stoppe.
>
> C'est la même chose pour le cortex préfrontal. Si le HP lui demande de s'arrêter, il va s'emballer. En voulant combattre son action à contre-courant, en y prêtant une attention très forte sans accueillir son fonctionnement, la réponse de celui-ci va être d'enclencher son turbo, de fonctionner à 2000 % dans un sens non souhaité.

Le mode mental hybride du HP contient l'analyse du cortex préfrontal. Plutôt que de tenter de l'annihiler sans succès, le HP a tout intérêt à l'accepter et à utiliser son fonctionnement.

Le problème est le manque de « cohérence mentale ». Alors que l'objectif est de dormir, la part préfrontale se pose sur un sujet. Ce dernier peut être le fruit du hasard, c'est-à-dire sans objectif précis, parce que tout est potentiellement intéressant pour le préfrontal : « Qui a gagné la Coupe du monde de football en 1982 ? », « Comment s'appelait notre voisin de palier pendant les vacances d'il y a deux ans ? », etc. Mais le sujet peut aussi être plus significatif : un problème à régler, une inquiétude concernant l'avenir : « Comment vais-je commencer ma présentation demain ? », « L'humanité touche-t-elle vraiment à sa fin à cause du changement climatique ? », « Qu'a voulu dire Pierre par "fais comme d'habitude" ? »

Tant que le préfrontal se focalise sur ces sujets, il freine le HP dans l'accomplissement de son objectif qui est de dormir. C'est l'antinomie entre les objectifs poursuivis par le préfrontal et par le reste du système qui est contre-productive.

Retrouver de la « cohérence mentale », c'est opérer une sorte de médiation entre le cortex préfrontal et le reste du système afin de choisir le bon objectif à suivre sur le moment en s'assurant que toutes les parties y participent sciemment. Il s'agira dès lors de faire, en conscience, la balance entre les objectifs que sont l'endormissement d'une part, et le sujet de préoccupation du cortex préfrontal d'autre part. Plusieurs cas de figure sont possibles :

- le sujet ramené au centre de l'attention par le cortex préfrontal est moins pertinent que de dormir, le HP peut rediriger son cortex préfrontal intentionnellement de manière à faciliter la recherche du sommeil ;
- le sujet est important mais n'est pas dans sa zone d'influence, le HP peut rediriger son cortex préfrontal sur l'acceptation, ce qui facilitera l'endormissement ;
- le sujet mérite de postposer la recherche de sommeil. Il peut s'agir d'une intuition (comme réaliser soudainement avoir oublié de faire quelque chose de très important) ou d'une idée innovante (l'idée de base du présent ouvrage a surgi de nulle part vers trois heures du matin).

Comme pour les émotions, il y a beaucoup à gagner à écouter ce que le cortex préfrontal a à dire plutôt que d'essayer de le réfréner d'office : si le sujet de préoccupation que celui-ci veut traiter est ignoré, il reviendra à la charge de plus belle.

Ainsi, si réfléchir sur le sujet est pertinent, au lieu de lutter et tourner en rond pendant des heures, cela peut avoir du sens de se lever pour le faire activement. Et cette réflexion peut même mener à décider que la première action sensée à faire est de... dormir. Qu'est-ce qui aura changé ? Chercher des solutions pour dormir sera considéré comme faisant partie du sujet de préoccupation. Le cortex préfrontal, apaisé, y participera parce que c'est ce qui aura le plus de sens à ce moment-là.

Comme en matière de médiation, la « cohérence mentale » est affaire de recherche d'objectifs communs partagés entre toutes les parties du système. Sans cette « cohérence mentale », ce qui se passe au moment de l'endormissement se passe aussi à d'autres moments, comme lors de réceptions mondaines[41].

À RETENIR

Si les parties préfrontale et automatique poursuivent des objectifs contradictoires, le HP perd alors en « cohérence mentale ».

La réflexion de la partie préfrontale est subie et vécue comme des pensées parasites qu'il est impossible de museler.

Que faire ?

Ne pas tenter de réfréner la partie préfrontale mais prendre en compte l'objectif qu'elle poursuit.

Déterminer l'objectif le plus approprié en fonction du contexte et aligner consciemment automatique et préfrontal sur celui-ci.

---

41 Voir *infra*, « J'ai parfois l'impression de vivre ma vie de l'extérieur ».

« J'ai parfois l'impression de vivre ma vie de l'extérieur »

Il arrive que le HP se regarde faire plus qu'il ne fait par lui-même, comme s'il devenait spectateur de sa vie. Le manque de « cohérence mentale » peut parfois mener à l'impression de ne pas être dans le moment présent, et ainsi, pour le HP, de ne pas utiliser à bon escient son mode Hyper-Préfrontal.

La prise de recul est une des caractéristiques de l'intelligence adaptative. Lorsqu'elle est au centre de l'attention mais focalisée sur une question qui empêche la présence, le HP vit le moment comme s'il en était dissocié. Dans cette position dite « méta », il n'est plus acteur mais devient spectateur de sa vie, que la voix off de ses pensées commente et questionne.

> ### Ma vie comme à Buckingham Palace
>
> C'est un mécanisme que tout le monde peut connaître : imaginez-vous, à Buckingham Palace, invité pour la première fois à une réception. Le protocole y est extrêmement millimétré et vous êtes donc dans un doute permanent pour savoir ce que vous pouvez faire et ce que vous devez éviter, comment vous tenir, à qui parler, sur quel sujet, quel ton, quels mots ?…
>
> Pendant le dîner, qui est une situation inconnue et complexe, l'intelligence adaptative devrait prendre les commandes (à défaut le stress cognitif guettera). Tant que ce sera le cas, il est impossible d'être réellement dans le moment présent.
>
> Une fois habitué, ce contexte pourra être considéré comme simple et/ou connu par le système qui laissera alors le mode automatique prendre le relais. Après tout, pour la famille royale, dîner à Buckingham est l'équivalent de notre poulet du dimanche.

> Le fonctionnement hybride du HP amène parfois son cortex préfrontal à focaliser son attention sur ce qui, pour les autres, est simple et connu. Le HP risque alors de se retrouver en décalage, et de vivre tous les poulets du dimanche, ou les différents cocktails, comme s'il arrivait à Buckingham Palace pour la première fois.

Bien conscient de ne pas être à l'aise, le HP peut d'abord se demander comment font les autres pour vivre les événements sans se poser de questions. Dans un second temps, le questionnement qu'il porte sur lui-même peut encore venir amplifier ce malaise : « Pourquoi, moi, je n'y arrive pas ? Qu'est-ce qui cloche chez moi ? »…

Évidemment, rien ne « cloche » chez le HP, il pâtit de son manque de « cohérence mentale » dans ce contexte et de son absence de pilotage conscient de son mode Hyper-Préfrontal.

Le phénomène se (re)produit lorsque le cortex préfrontal oriente des questionnements qui le desservent : « Comment dois-je me comporter ? Comment tenir mon verre ? À qui parler ? Que dire ? Comment le dire ? Faut-il garder son sérieux ou plaisanter ? Qu'est-ce que je fais là ?… » Paradoxalement, c'est la partie adaptative de son mode mental hybride, de son mode Hyper-Préfrontal, focalisée sur l'adaptation qui l'empêche de réellement… s'adapter !

D'ailleurs, pour peu qu'il entre dans une discussion sur un sujet qui l'intéresse ou simplement qu'il se mette à penser à autre chose, il ne se posera plus ces questions, et très souvent le malaise sera dissipé.

Choisir ce sur quoi focaliser le cortex préfrontal et que laisser à l'automatique ?

Le mode Hyper-Préfrontal implique la cohabitation des modes adaptatif et automatique. Tandis que l'analyse du cortex préfrontal se focalise sur un faisceau étroit du champ de conscience, le mode automatique se charge du reste.

Ce sur quoi porte cet étroit faisceau est un choix rarement délibéré. Le mécanisme de base devrait être que tout ce qui est simple et/ou connu est géré par le mode automatique. Dans ce domaine, il est d'une redoutable efficacité : il sait quoi faire, il le fait vite, sans se poser de questions. Et il le fait bien, en tout cas de la manière qu'il a enregistrée comme étant la bonne.

Mais comme l'analyse du cortex préfrontal est toujours active chez le HP, elle peut se poser sur n'importe quel sujet, d'autant plus si elle n'a rien de complexe ou d'inédit à se « mettre sous la dent ».

Or, si l'intelligence adaptative est une experte des situations complexes, elle peut aussi jouer des tours au HP : analyser, faire des liens, prendre du recul, mettre les choses en perspective, anticiper le futur sur des sujets considérés comme simples ou allant de soi peut avoir pour effet d'entraîner des complications. Ainsi, le HP pourra se sentir enfermé dans un mode de réflexion qu'il ne peut ni comprendre ni justifier. Il peut en découler un important questionnement ainsi qu'un tas de croyances négatives, limitantes sur lui-même qui fragilisent son estime.

Les incompréhensions et réactions de son entourage familial ou professionnel peuvent aussi entamer sa confiance et son estime de lui-même. Quand le HP ne se sent pas en accord avec ses réflexions, quand il ressent un malaise intérieur ou quand il a l'impression de ne pas être adapté à la situation, c'est souvent le signe que le focus de son cortex préfrontal n'est pas bien dirigé. Il est alors temps pour lui de le réorienter en fonction du contexte.

Quelques exemples de contextes potentiellement problématiques :

Le moment de l'endormissement : lorsque le cortex préfrontal s'emballe, il empêche l'endormissement. L'objectif du cortex préfrontal est important pour lui puisque tout est digne d'intérêt : il peut analyser les événements de la journée, anticiper les problèmes futurs ou se poser des questions existentielles ou pas. Ce qu'il ignore complètement, c'est l'objectif du reste du système qui est de dormir. L'objectif est d'aligner automatique et préfrontal qui luttent : l'un amène des pensées que l'autre rejette avec force en se retournant dans son lit. Les deux parties sont frustrées puisqu'elles ne poursuivent pas le même objectif. Le cortex préfrontal est ignoré et l'automatique est agacé. Comme en médiation, la solution est d'aligner les deux parties sur un objectif commun partagé.

Lors d'un cocktail professionnel : tant que le cortex préfrontal est focalisé sur des incertitudes quant aux bons comportements à adopter, il empêche le système d'être dans le présent et surtout l'automatique de gérer des tâches simples comme danser, parler ou tenir son verre.

Insolence : le HP sera taxé d'insolence quand il fera une remarque jugée déplacée par autrui et pourtant souvent juste. Le souci est que le cortex préfrontal se focalise sur un détail de la discussion qui est hors sujet pour son interlocuteur.

Les choix : ils peuvent se révéler compliqués pour le HP lorsque son cortex préfrontal amène parfois trop de questions, rendant le choix insoluble. Il peut aussi, du fait de son ouverture, sa curiosité et son acceptation, laisser trop d'options ouvertes.

En classe, à l'école : le cortex préfrontal devrait logiquement se focaliser sur les matières enseignées. Mais le HP fait rapidement des liens et comprend vite. Au moindre signe de répétition ou de facilité, le cortex préfrontal pourra se porter sur une chose

> plus « intéressante » pour lui : les amis, les amies, les blagues, un oiseau qui passe... pour ensuite éprouver des difficultés à réellement refocaliser son attention sur le contenu du cours, à moins que ne surviennent une difficulté ou un intérêt particulier (pour la matière ou l'enseignant).
>
> **En sport :** lorsque le cortex préfrontal se focalise sur un geste technique qu'il maîtrise pourtant, il y a de grandes chances que le HP essuie quelques échecs. Lorsqu'au contraire l'automatique se charge des mouvements et que le cortex préfrontal se focalise sur la stratégie, le HP peut entrer dans un moment de grâce où tout semble lui réussir.
>
> La clé est bien dans la « cohérence mentale » : lorsque le cortex préfrontal et l'automatique agissent de concert, se partageant les tâches selon leurs forces et leurs faiblesses, c'est tout le mode Hyper-Préfrontal qui y puise sa quintessence.

Lorsque le cortex préfrontal empêche paradoxalement l'adaptation, il ne complique pas seulement les choses, il complique surtout la vie du HP.

Il n'y a rien de plus simple que de marcher sur une planche posée sur le sol. Mais si la même planche est suspendue à 15 mètres du sol, la traverser sera une autre affaire. Il deviendra si crucial de ne pas tomber que chaque geste sera analysé pour assurer un équilibre qui, lorsqu'il est vital, devient si complexe à garantir.

Comme un funambule de l'extrême, le HP parcourt donc parfois dans un inconfort total les dîners, réceptions ou n'importe quel événement dans lequel il n'est pas sûr de la manière d'agir. Comment aider ce funambule à simplement être dans l'instant et profiter de la traversée ?

Il lui faudra deux choses : la certitude d'avoir les connaissances techniques nécessaires à la traversée et... une focalisation sur autre chose que la chute potentielle. S'il y parvient, il pourra parcourir la planche presque comme si elle était posée au sol.

Le HP sera déjà ravi de cette première bonne nouvelle : la plupart du temps, il n'y a pas de gouffre sous la planche ! Il ne risque rien à tenir son verre d'une manière ou d'une autre, à se tenir de telle ou telle façon. Un premier bénéfice pour le HP est de réaliser que, finalement, l'importance de « bien faire » est beaucoup moins grande que ne l'estime son système.

En outre, il n'y a pas une bonne façon absolue de tenir son verre, de danser, de parler...

Quand le cortex préfrontal se penche sur une question dont il ne peut trouver la réponse, parce qu'il n'a pas suffisamment d'informations, parce que la question est insoluble ou qu'il n'y a pas de bonne réponse, il risque de rentrer dans des boucles infinies[42].

Comment faire alors ?

Au début du cocktail, voire avant, le HP peut se prêter à un petit jeu mental et régler ces questions une fois pour toutes, de sorte que le cortex préfrontal laisse la main à l'automatique : « Tant que je fais ceci ou cela, c'est OK », « Je me fiche de comment tenir mon verre ». Le cortex préfrontal pourra alors sortir de ses questionnements, de ses boucles, se libérer et enfin se focaliser sur autre chose.

Néanmoins, il existe des événements où ces questions ont non seulement une réponse mais revêtent également une importance cruciale. Cela n'arrive pas tous les jours mais que faire pendant la première réception à Buckingham Palace en compagnie de la Reine Mère ?

Le HP engrangera un second bénéfice : à Buckingham Palace, le protocole existe et est bien communiqué aux futurs convives. Il y a lieu de le lire, le comprendre, le retenir et de s'adapter rapidement à quelque chose de neuf, complexe et inédit. Le cortex préfrontal

---

42 Voir *infra*, « Débugger ses stratégies : comment sortir des boucles dans les raisonnements ? ».

sera dans son élément puisque c'est précisément son point fort. Alors que les personnes d'habitude si à l'aise goûteront peut-être à l'embarras que ressent le HP dans les cocktails « traditionnels », ce dernier pourra déconcerter en se comportant à Buckingham Palace comme s'il y était déjà venu plusieurs fois.

Une fois encore, ce qui est difficile pour les uns est facile pour les autres et inversement.

En poursuivant l'ambition de comprendre comment bien se comporter dans les cocktails, le cortex préfrontal empêche le système d'atteindre son objectif : être à l'aise dans les cocktails. La « cohérence mentale » s'obtient en focalisant tout le système sur l'un de ces objectifs à la fois.

> ### À RETENIR
>
> La partie adaptative du mode Hyper-Préfrontal tourne parfois en boucle sur une question dont elle ne peut trouver la réponse.
>
> Dans ces moments, le HP peut avoir l'impression de vivre sa vie de l'extérieur en se demandant comment font les autres pour être à l'aise et vivre pleinement les événements.
>
> *Que faire ?*
>
> Pour sortir de cette position « meta », choisir consciemment de focaliser la réflexion préfrontale sur un sujet cohérent par rapport au contexte.
>
> Si la question est pertinente, suivre le préfrontal pour lui permettre de passer à autre chose : apporter une réponse satisfaisante qui puisse être cristallisée dans l'automatique.
>
> Si la question paraît insoluble, détourner directement et consciemment l'attention sur autre chose de plus simple, laissant le préfrontal traiter cette question en arrière-plan.

« Je ne comprends pas pourquoi je suis le seul à (me) poser certaines questions »

> **Une réunion dans une association de quartier : de génie à pénible en moins de trois questions chrono**
>
> Une association de quartier organise une réunion au sujet de la création d'un centre culturel. Quinze personnes participent à cet échange. Alex, une des personnes présentes, est HP et bien évidemment ce n'est pas marqué sur son front (À bas les étiquettes !). La présentation de la première diapositive du projet s'achève et Alex pose déjà une question. Les quatorze autres participants trouvent cette première intervention pertinente. Les réponses à peine reçues, Alex pose une deuxième, puis une troisième question. À partir de combien de questions devient-on pénible ?
>
> À la quatrième, les participants vont commencer à se racler la gorge, à trouver un peu désagréable cette personne qui remet en cause les avancées proposées pour ce centre culturel sans même attendre ou entendre toute la présentation. À la douzième question, on lui demandera de cesser de pousser le débat si loin… et sans doute de bien vouloir sortir !
>
> Sa curiosité et sa projection dans le futur motivent Alex à poser et reposer des questions, alors que les autres n'y perçoivent que des complications inutiles. L'un n'a pas plus raison que les autres ont tort, et inversement.

Lors de réunions professionnelles par exemple, l'intelligence préfrontale toujours active chez le HP lui permet d'analyser rapidement, de faire des liens, de projeter et d'anticiper. Cette capacité présente de nombreux avantages évidents. Elle n'est toutefois pas exempte d'inconvénients. En « réfléchissant trop », le HP court le risque de perdre de vue une chose essentielle : la frontière entre aller plus loin que les autres et aller trop loin pour les autres dans le contexte.

Quand le HP ne canalise pas son analyse préfrontale, celle-ci peut l'entraîner à (se) poser une avalanche de questions, toutes pertinentes à ses yeux, voire indispensables pour aboutir à une décision. Il peut ressentir la pression des autres quand, dans le meilleur des cas, les yeux de ses interlocuteurs lui laissent percevoir de l'agacement. Mais le décalage peut mener à plus de conséquences : l'agacement peut laisser la place à l'énervement ou même aux conflits.

Alors que les autres personnes présentes peuvent le blâmer de chercher la petite bête, d'aller trop loin, de compliquer les choses inutilement, de couper les cheveux en quatre, le HP se sentira frustré. Frustré parce qu'il est convaincu d'avoir raison. Devant le refus des autres d'écouter ses remarques, il peut se surprendre à trouver les autres bêtes ou de mauvaise foi. Il peut aussi le prendre personnellement, douter de lui et de ses « fichues réflexions » et, encore une fois, se demander ce qui cloche dans sa tête. Avec le temps, les conflits peuvent se succéder.

Le HP peut aussi décider de se taire, par frustration ou abandon, par colère ou par dépit. Les malaises et incompréhensions peuvent être si conséquents que certains HP se replient sur eux-mêmes. Ils peuvent aller jusqu'à décider, par exemple, de quitter un travail pour lequel ils ne se croient pas adaptés pour choisir une voie plus solitaire.

> **LES VIS SONT-ELLES DES CLOUS, ET INVERSEMENT ?**
>
> Être HP, c'est avant tout avoir un mode de fonctionnement spécifique. Les êtres humains sont donc, à tout le moins, séparés en deux équipes[43] aux propriétés bien différentes.

---

43 À bas les étiquettes : il ne s'agit pas ici d'enfermer qui que ce soit dans des cases. C'est pour faciliter la compréhension du message que la distinction en deux équipes est faite. Il va de soi qu'il n'y a pas deux HP identiques comme il n'existe pas deux êtres humains identiques.

La plupart du temps, chacun ignore l'existence de ces deux équipes, ne connaît pas leur fonctionnement et ne sait même pas à quelle équipe il appartient. Cette ignorance mène à l'incompréhension de soi et des autres. C'est un peu comme une boîte à outils où cohabitent des clous et des vis mais qu'il est impossible de discerner de l'extérieur.

Les clous sont efficaces, s'introduisent d'un coup de marteau dans du bois tendre sans détour. Les vis nécessitent des mouvements de rotations plus complexes pour évoluer, ce qui peut prendre plus de temps que les clous pour s'enfoncer dans le bois tendre. En revanche, lorsqu'elles ont affaire à des matériaux plus résistants, elles peuvent aller plus loin que les clous, plus facilement et plus minutieusement grâce à la précision du tournevis.

Le clou vit, il faut bien le dire, dans un monde principalement peuplé de clous, conçu pour eux. Il est attendu de tous de s'enfoncer d'un coup de marteau dans les matériaux les plus souples. Le tournevis y a peu sa place, peut-être au fond de la boîte, parmi les outils bizarres, presque jamais utilisé dans son monde de marteaux.

Ignorant qu'il s'agit en fait de vis, le clou voit que certains « clous » particuliers sont… différents. Ils sont efficaces dans les situations complexes mais tournent autour du pot plutôt que de foncer tout droit vers le but.

Les HP sont perçus comme impressionnants (le fameux HAUT potentiel) dans certains domaines, gauches ou lents dans d'autres pourtant si simples. Ils décortiquent, cherchent à faire le tour de questions qu'ils sont les seuls à se poser. Alors il est dit des HP, et par les HP eux-mêmes, qu'ils sont « trop » : trop compliqués, trop sensibles, trop ceci, trop cela…

Les vis se prennent pour des clous : pourquoi en serait-il autrement puisque rien ne les distingue. Persuadées d'être différentes et en même temps, convaincues que tous les clous sont comme elles, elles peuvent finir par se prendre pour des clous ratés.

Bien sûr, elles voient leurs facilités, ces instants où, quand les autres éprouvent des difficultés, elles avancent avec aisance. Mais, trouvant cela « juste normal », elles voient surtout tous ces moments où elles sont à la traîne par rapport aux autres. Un clou qui ne s'enfonce pas d'un simple coup de marteau est un clou, il faut bien le dire, un peu lent et compliqué. En revanche, les vis peuvent aussi s'énerver sur ces « clous » que le tournevis ne parvient pas à faire avancer aussi rapidement qu'elles le souhaiteraient.

Le HP s'interroge sur les autres, et réciproquement. Il se questionne aussi sur lui-même, sur sa relation aux autres : « Suis-je adapté ? Suis-je normal ? Pourquoi, moi, je n'y arrive pas ? Comment font les autres ? »

Identifier clous et vis, les étiqueter et les séparer en deux blocs distincts dans la boîte à outils paraît une bonne idée. Il est vrai que cette solution permet d'éviter la confusion, peut-être même de faciliter le bon choix, entre clous et vis, en fonction de la tâche à accomplir.

C'est un début… mais certainement pas une fin en soi !

Agir de la sorte reviendrait à considérer que tous les clous sont identiques entre eux et toutes les vis, identiques entre elles. Or il existe une infinité de clous et de vis différents. Chacun est unique. Apprendre à comprendre chacun est le seul moyen de mettre un terme aux confusions, préjugés et autres amalgames.

Non, Éric ne complique pas tout pour le plaisir, il ne coupe pas les cheveux en quatre par névrose, il n'est pas hypersusceptible, il fonctionne différemment, probablement dans une autre équipe que la vôtre.

Non, Jeanne n'est pas bête ou de mauvaise foi quand elle ne voit pas quelque chose qui tombe sous le sens pour d'autres, elle fonctionne différemment, probablement appartient-elle à l'autre équipe.

Le monde n'est pas peuplé d'idiots, d'hypocrites et d'enquiquineurs, il est peuplé de personnes différentes. Reconnaissons que notre réflexe est avant tout de critiquer, de juger, de rejeter les différences que nous percevons avant même de réellement les comprendre.

We can do better[44].

Comment trouver sa place ?

DE STRATÈGE À EMPÊCHEUSE DE TOURNER EN ROND

Charlotte a 39 ans, elle est manager dans l'administration et reconnue pour ses qualités professionnelles et son excellente vision stratégique. Depuis quelques mois, ses réunions de travail sont devenues un enfer.

Son équipe est chargée d'élaborer et de soumettre rapidement et régulièrement des propositions de plans d'action au haut management. Elle est frustrée car beaucoup de ses remarques sur les conséquences à long terme des propositions ne sont pas prises en compte.

Elle sait que ses remarques sont fondées mais, vu l'urgence, le reste de l'équipe privilégie le court terme et préfère rédiger les propositions sans attendre.

Frustrée, elle peste sur ses collègues qu'elle estime, dans ce contexte, « bêtes de ne pas voir ça, irresponsables ou de mauvaise foi ». Parallèlement, le reste de l'équipe ne la perçoit plus comme une collègue stratégique, ce qui était le cas auparavant. Au contraire, elle a désormais la réputation d'être une empêcheuse de tourner en rond, un frein à la production rapide des plans qu'ils doivent rédiger.

---

44 Frank J. Peter : https://piano-ology.com.

Ces moments de décalage entre deux personnes ou entre une personne et une équipe génèrent malaise et frustration pour tous. Comment éviter ce phénomène ?

Le HP ne peut agir que sur lui-même et pas sur le contexte extérieur : il n'est question de changer ni son équipe, ni le délai dans lequel les plans doivent être rédigés, ni les priorités de l'administration. C'est une évidence, mais c'est peut-être parfois ce que le HP oublie.

Et c'est là que réside souvent la différence entre pousser le raisonnement plus loin que les autres et le pousser trop loin pour les autres. Il s'agit du même mécanisme que celui qui fait passer une remarque, pourtant juste, du HP pour de l'insolence[45].

Pour éviter ce type de malaise, le HP aura avantage à évaluer la pertinence de ses réflexions en fonction du contexte. « Pourquoi cette question ? Qu'est-ce que je cherche à obtenir ? Est-ce adapté de demander cela ? Est-il intéressant de réfléchir plus loin ou bien est-il plus utile de valider d'abord l'étape qui se présente maintenant ? »

Enfin et surtout se demander si la question ou la remarque peut apporter une plus-value à l'objectif poursuivi dans la situation. Dans une réunion de travail par exemple, si le questionnement est vécu comme une plus-value, l'ensemble des participants en percevra l'intérêt. En revanche, si celui-ci est estimé contre-productif (et même si vous avez raison !) par la majorité des personnes présentes, cela peut créer des incompréhensions plus ou moins importantes.

Dans tous les cas, quand le HP pose une question, et même si elle lui paraît pertinente et représentant une réelle plus-value par rapport à l'objectif, il est primordial pour le HP d'accepter des autres qu'ils n'aient pas le même point de vue, la même opinion ou la même lecture.

Car ici, le mode Hyper-Préfrontal du HP est encore plus dangereux : alors que le cortex préfrontal anticipe, fait des liens et en tire des

---

45 Voir *supra*, « Parfois mes réponses passent pour de l'insolence et je ne comprends pas pourquoi ».

conclusions, l'automatique s'accroche à ces conclusions comme la seule vérité possible, oublie que ce ne sont que des opinions ou des hypothèses à ce stade. Il refuse de lâcher prise, générant stress, colère et frustration. Dans ces moments, on assiste peut-être à la pire répartition possible des tâches entre le cortex préfrontal et l'automatique. La « cohérence mentale » est bien là mais elle poursuit un objectif bien peu constructif : celui de vouloir avoir raison.

Plutôt que de laisser le mode automatique s'obstiner à vouloir remettre cette question sur la table, la partie adaptative peut reprendre la main. En effet, le cortex préfrontal peut facilement se diriger sur le réel objectif, celui de la réunion.

Après tout, si la question est vraiment pertinente, l'occasion se présentera de la poser plus tard. Et quand bien même ne serait-elle pas prise en compte par le reste de l'équipe, le HP peut focaliser son préfrontal sur l'acceptation du désaccord des autres et du fait que sa responsabilité s'arrête au partage du fruit de sa réflexion.

La bonne nouvelle, c'est que l'acceptation est une des forces du cortex préfrontal. Le HP est donc naturellement armé pour le faire. S'il n'y parvient pas simplement en focalisant son cortex préfrontal sur cette acceptation, il est possible que, dans ce contexte précis, des enjeux personnels plus importants soient présents.

> **À RETENIR**
>
> L'Hyper-Préfrontal entraîne un mode de réflexion différent qui peut entraîner incompréhension et décalage avec l'environnement.
>
> Le HP qui pousse le raisonnement trop loin pour les autres peut être considéré comme agaçant ou insupportable.
>
> De son côté, il sera frustré d'être pris pour un pinailleur alors que : « Ce sont les autres qui ne comprennent pas. »

> Il pourra aussi se demander pourquoi il est à ce point en décalage et se demander pourquoi, lui, ne parvient pas à s'adapter.
>
> Il peut donc paradoxalement se trouver idiot tout en étant convaincu de la justesse de son raisonnement.
>
> *Que faire ?*
>
> Comprendre le mode Hyper-Préfrontal et communiquer sur ses particularités.
>
> Aider le HP à comprendre les personnes qui sont dans un autre mode mental.
>
> Accepter sans jugement qu'en résultent des points de vue différents.
>
> Pousser le raisonnement de la partie préfrontale plus loin, en y incluant les aspects relationnels.
>
> Déterminer la réaction la plus appropriée en fonction du contexte, tenant compte de la réalité de chacun.

« Choisir peut être difficile (voire impossible) pour moi »

Les stratégies émotionnelles

Si prendre une décision peut relever du mental, choisir parmi plusieurs options égales est plutôt émotionnel.

Le modèle des stratégies de la programmation neuro-linguistique (PNL) montre que, lors de nos choix, notre cerveau procède à une série de comparaisons sensorielles entre les différents choix et des critères prédéfinis. Le résultat se matérialise sous forme de ressenti positif ou négatif, dont l'intensité représente le score du test de comparaison.

Par exemple, pour acheter une veste dans un magasin, les critères pourront être : une veste, une saison, un style, une palette de couleurs acceptables et une fourchette de prix.

Chaque fois que les yeux[46] se posent sur un vêtement, la série de tests s'enclenche. Un léger ressenti positif fait arrêter les yeux sur une veste (et pas un pantalon). Dans le bon rayon, les yeux peuvent s'arrêter sur un style ou une couleur particulière qui passe le test, etc., etc., jusqu'à ce que l'un ou l'autre vêtement réponde à tous les critères et engendre chez le futur acheteur une sensation interne, une émotion positive. À l'inverse, un vêtement ne correspondant pas du tout aux critères engendrera une émotion négative[47].

En cas de doute entre deux pièces, l'émotion positive la plus intense l'emportera, sans quoi, l'ajout d'un nouveau critère, d'un nouveau test sera nécessaire pour les départager : une autre bonne raison, l'avis d'un ami, une réduction du prix temporaire, n'importe quelle raison supplémentaire de privilégier une solution plutôt que l'autre.

Si aucun moyen de départager les options n'est trouvé, le système peut choisir au hasard, par dépit, renoncer et ne rien acheter ou encore… acheter les deux.

La mentalisation peut intervenir au moment de fixer les différents critères à tester, c'est-à-dire avant même d'être rentré dans le magasin, bien que ceux-ci puissent être en partie inconscients.

La mentalisation intervient aussi après le choix : nos décisions sont justifiées après coup[48] par le mental qui leur donne du sens. Elles se cristallisent dans le mode automatique et ne sont plus remises en question par le système.

---

46 Les yeux dans le cas d'une comparaison visuelle. Les comparaisons peuvent évidemment faire appel à tous les sens : la texture, l'odeur, le goût, le son…

47 Nous avons tous été témoins d'émotions négatives et avons entendu des commentaires aussi intenses que « Oh, mon Dieu, mais quelle horreur », « Mettre cela, moi ? Jamais, plutôt mourir ». Fort heureusement, elles ne sont pas toujours aussi intenses…

48 Après une hésitation, il est possible de se sentir mitigé. Or cette gêne disparaît une fois sorti du magasin, l'achat à la main. La décision est prise, si rien ne s'y oppose, elle est validée par le mental qui apaise l'émotionnel. Le choix opéré est devenu une évidence.

Les stratégies dans le mode Hyper-Préfrontal du HP

Le mode mental hybride, Hyper-Préfrontal du HP, mêlant mode automatique et analyse préfrontale, vient parfois brouiller ce mécanisme des stratégies.

Parfois, la dimension nuancée du cortex préfrontal empêche de justifier le choix final. Dans son monde de nuances, le parfait (c'est-à-dire le « bien » binaire de l'automatique) n'existe pas. Cela peut donc avoir comme conséquence de remettre toute la stratégie en question et rendre les achats impossibles.

> **ACHETER UN PANTALON : DE LA GALÈRE AU PLAISIR**
>
> Alain, 45 ans et HP, raconte :
>
> « Lorsque j'entre dans une boutique de vêtements pour y acheter un pantalon, il en existe tellement de différents que je ne sais pas lequel prendre. Si je regarde tous ceux qui me sont proposés, ils vont tous me plaire au premier regard, mais en les passant un par un, aucun ne va correspondre à mon souhait profond, car aucun ne va être… parfait !
>
> Cela peut durer des heures et va agacer très fortement celui ou celle qui ce jour-là m'accompagne. Quant au vendeur, on peut facilement imaginer son envie de m'envoyer balader devant mon indécision.
>
> Pourquoi est-ce toujours si difficile, pourquoi ne suis-je pas comme les autres ? »

Dans d'autres cas, ce sera plutôt l'ouverture et la curiosité qui vont entraîner un trop grand choix d'options acceptables, les rendant impossibles à départager.

> Au restaurant : À la lecture du menu, si le HP sait généralement ce qu'il ne souhaite pas manger (les tests négatifs remplissent bien leur office), il lui est très difficile de choisir un plat parmi tous ceux qui restent à son goût.
>
> N'arrivant pas à se décider, il lui arrive couramment de se sentir mal à l'aise et de proposer au serveur de « le surprendre » ou encore, à la personne qui l'accompagne de choisir, ce qui peut avoir tendance à énerver cette dernière : « Tu n'es plus un petit garçon, tu peux décider toi-même ! »

Dans les deux cas, le préfrontal vient brouiller le mécanisme émotionnel du choix : tout est bon ou rien n'est assez bon. Comme un inspecteur qui arrive à la fin d'un chantier, il se contente de critiquer et d'empêcher la validation du choix.

Bien sûr, le HP dispose, lui aussi, des mêmes stratagèmes pour contrebalancer cette impossibilité à choisir : si aucun moyen de départager les options n'est trouvé, il peut choisir au hasard, ou par dépit, renoncer et ne rien décider.

Mais comme choisir, c'est renoncer, il peut prendre l'habitude de retenir plusieurs options simultanément et acheter les deux vestes entre lesquelles il hésite par exemple. Il peut encore prendre l'option la plus ouverte : celle qui lui fermera le moins de portes dans le futur, c'est souvent le cas lors du choix d'options scolaires ou d'études supérieures.

Toutefois, il est impossible de « couper » la part préfrontale du HP[49], la solution ne consiste donc pas à la contourner, la faire taire ou à l'ignorer, ce qui est pourtant la demande de beaucoup de HP (et de leur entourage).

Comme il est impossible de la faire taire, autant lui demander enfin de (réellement) participer. La solution est, comme souvent,

---

49 Voir *supra*, « Je voudrais enfin débrancher mon cerveau : où est le bouton "off" ? »

de focaliser la part préfrontale sur un sujet qui facilitera le choix et gagner ainsi en « cohérence mentale »[50].

Par exemple, le cortex préfrontal peut se servir du recul dont il peut faire preuve pour se demander si, oui ou non, la perfection est à rechercher. Il peut aussi relativiser l'importance du choix de menu au restaurant à partir du moment où « tout est bon ». Il peut également utiliser sa capacité à faire des liens et des projections pour déterminer de nouveaux critères pour départager les options jusque-là également envisageables.

En sollicitant l'intelligence adaptative dans la résolution du problème, et non plus dans la création de celui-ci, le HP gagne en « cohérence mentale ». Curiosité, acceptation, ouverture et recul lui permettent de vite s'apercevoir qu'il n'y a, finalement, aucune difficulté à choisir.

> **À RETENIR**
>
> L'intervention de la partie adaptative du mode Hyper-Préfrontal peut brouiller les stratégies de choix.
>
> *Que faire ?*
>
> Rediriger consciemment la partie préfrontale pour :
>
> - retrouver de la « cohérence mentale »,
> - prendre du recul et relativiser,
> - faciliter la prise de décision au lieu de la brouiller.

---

50 Voir *supra*, « Je voudrais enfin débrancher mon cerveau : où est le bouton "off" ? »

« Débugger ses stratégies : comment sortir des boucles dans les raisonnements ? »

Il y a encore un cas particulier qui découle de l'intervention du cortex préfrontal dans les stratégies de décisions.

> **Je n'arrive pas à me décider pour les vacances**
>
> Lili, 46 ans :
>
> « Je ne parviens toujours pas, depuis des semaines, à fixer mes projets de vacances.
>
> Je voudrais aller à la montagne, parce que j'adore cela, mais mon fils déteste. Et j'aimerais que mon fils vienne en vacances avec moi.
>
> L'autre solution serait la mer, mais je n'ai pas envie. Et puis où à la montagne ? Et si mon fils ne vient finalement pas avec moi en vacances, ce serait idiot d'aller à la mer. Mais si je choisis la montagne, il le prendra mal même s'il n'est pas sûr de venir avec moi.
>
> Ou alors, le Sud de la France et combiner un peu plage et montagne ? Ah, je ne sais pas, je n'arriverai jamais à me décider, c'est trop compliqué !
>
> Mon mari s'occupe de cela d'habitude. Pour lui pas de souci, il décide en un claquement de doigts sans se poser de questions. Je ne suis pas capable de ne pas tout envisager mais je voudrais vraiment y arriver. »

Lili est rentrée dans une sorte de boucle sans fin. Elle passe continuellement d'une option à l'autre et le choix lui paraît trop complexe, insoluble.

Le cortex préfrontal est sollicité, oui, mais avec autant de régularité qu'un chat avec une balle magique. Il analyse une option, en tire une première conclusion et... saute sur la seconde possibilité et tire une conclusion avec laquelle il revient sur la première, etc., etc., etc.

Comme déboussolé, le cortex préfrontal fait un pas dans une direction, puis deux pas dans l'autre. En outre, arrivé au cinquième pas dans une direction, il arrive qu'il remette le troisième en cause. Cette façon de procéder est indiscutablement inefficace. Excessivement énergivore, elle ne produit aucun résultat, si ce n'est celui de la « prise de tête ».

Tant que Lili oscille dans son raisonnement entre plage et montagne, elle est incapable de choisir un pays, une ville, une durée de séjour ou quoi que ce soit. Elle tourne en boucle dans les premières étapes de chaque stratégie sans jamais aller jusqu'au bout. Le cortex préfrontal, focalisé sur des critères liminaires, n'aide en rien à la réalisation de l'objectif du système : planifier des vacances. En empêchant le système de concevoir ne fût-ce qu'un plan viable jusqu'au bout, il rend également son objectif impossible : choisir le meilleur des deux plans.

Pour pouvoir poursuivre un raisonnement jusqu'au bout, il faut en soigner les étapes afin de ne pas laisser le cortex préfrontal y revenir. Pour y parvenir, une solution peut bien sûr être de cristalliser un des choix, qu'il ne soit plus remis en question. C'est ce que Lili tente de faire : choisir entre montagne et plage pour enfin aller de l'avant.

> « Start With Why »
>
> Selon Simon Sinek[51], la première des questions à se poser est « pourquoi ? ».
>
> Cette question est fondamentale et amène à définir et à comprendre la motivation qui incite à passer à l'action. La réponse sert ensuite de référence pour déterminer la stratégie la plus appropriée et les activités à entreprendre pour arriver à bon port.
>
> Quel est mon premier objectif quand je planifie des vacances ? Est-ce de rencontrer mon envie de balade en montagne ou de passer des vacances avec mon fils ?
>
> Un tel questionnement permet parfois d'y voir beaucoup plus clair dans un raisonnement.

Imaginons que Lili reste incapable de choisir entre ces deux objectifs. Dans ce cas, elle peut également focaliser sa réflexion sur un exercice simple : solliciter son cortex préfrontal pour envisager jusqu'au bout chaque scénario possible. En jouant sur les variables, elle multipliera ainsi les résultats finaux qui deviendront chacun une des options à évaluer.

De cette manière, elle récupérera sa "cohérence mentale" puisque toutes les parties de son système collaboreront à la réalisation d'un objectif commun partagé.

> S'inspirer des ouvertures aux échecs
>
> Se trouver en position de choisir fait penser à une partie d'échecs. Quand on observe le plateau au début de la partie, les possibilités sont quasi infinies. Comment font les joueurs pour évaluer les scénarios possibles ?

---

51 Conférencier américano-britannique, auteur de livres sur le management et la motivation : www.simonsinek.com.

Ils travaillent par ouvertures, c'est-à-dire chaque premier coup possible. Ils en connaissent chaque évolution potentielle jusqu'à arriver à un scénario final qui leur convient.

Pour sortir des boucles, nous proposons de suivre cet exemple et de « bloquer » chaque choix fait dans un raisonnement jusqu'à en arriver au bout. Ce n'est qu'ensuite que l'on peut envisager de modifier un choix ainsi bloqué jusqu'à aboutir à une autre conclusion, etc., etc.

> **À RETENIR**
>
> La réflexion de la partie adaptative du mode Hyper-Préfrontal peut entrer dans une boucle : chaque étape du raisonnement peut remettre en cause une étape précédente, ce qui ramène la réflexion en arrière.
>
> En oscillant sans cesse entre plusieurs options, le HP entre dans un nœud dont il ne parvient pas à sortir.
>
> *Que faire ?*
>
> Utiliser la partie préfrontale pour soigner chaque étape et ne pas la remettre en question avant d'arriver au bout du raisonnement.

« Comment fait-on pour devenir comme les autres ? »

C'est la question qu'il ne faudrait, dans un monde idéal, jamais poser mais que le mode Hyper-Préfrontal du HP le pousse à poser.

Le mode mental du HP comprend une part d'intelligence adaptative. Or l'adaptation est la faculté, pour un organisme, de se modifier afin de rester fonctionnel dans de nouvelles conditions, d'être en harmonie avec son environnement.

L'adaptation implique tout d'abord d'examiner l'environnement. Et la sensibilité du HP est en fait sa capacité à capter les informations extérieures et à les traiter : analyser, faire des liens et en tirer des conclusions.

Quand le HP se sent en décalage avec son environnement sans en comprendre la cause, cela peut engendrer un malaise interne allant jusqu'à fragiliser l'estime qu'il a de lui.

Le sentiment de ne pas être intégré au monde, d'être différent peut logiquement limiter ce besoin d'adaptation à l'envie d'être « comme les autres ».

Comme s'il était le seul en costume cravate à un barbecue ou en bermuda-claquettes-chaussettes à un mariage guindé, le HP peut rêver de trouver un petit coin pour se changer vite fait.

> **DOUTER DE SOI FACE AUX AUTRES**
>
> Une expérience menée[52] en 2019 et diffusée par la Radio Télévision Suisse (RTS) dans l'émission « Dans la tête de… » montre un groupe de personnes à qui on pose une série de questions simples. Un seul des participants n'a pas été mis au courant de la finalité de l'expérience. Cette dernière consiste à analyser comment cette personne va se conformer ou non aux réactions du groupe. Les questions sont vraiment très simples, on montre ainsi un carré, un rond, un triangle ou un bâton et ensuite on demande aux personnes du groupe de se regrouper dans la case qui correspond au dessin visualisé.
>
> Un carré apparaît, le groupe va se placer dans la case où le carré est dessiné ; un rond est proposé, le groupe se déplace vers la case correspondant au rond… À un moment donné, alors

---

52 https://www.facebook.com/watch/?v=10157015324347199

> qu'un bâton apparaît, le groupe se place dans la case triangle. À plusieurs reprises, le groupe va délibérément se tromper. À force de se retrouver seule dans une case, la personne qui n'est pas informée de la finalité de l'expérience va se sentir de plus en plus déstabilisée. Aussi, à plusieurs reprises, la personne qui connaît pourtant la bonne réponse à la question, va suivre le groupe dans son erreur.
>
> Pourquoi ?
>
> La personne cobaye va entrer dans un processus de doute et décider qu'il vaut mieux parfois se tromper à plusieurs que d'avoir raison seule. Cela rassure et assure son appartenance au groupe... Pour être reconnue par celui-ci, elle est prête à donner une réponse qu'elle sait pertinemment fausse.

Toutefois, vouloir « être comme les autres » peut entraîner des difficultés. Si « être comme les autres » était une fin en soi, à suivre aveuglément, le HP caméléon pourrait tomber dans le piège du **faux self,** se perdre et perdre de vue qui il est.

> ### HP, FAUX SELF ET IDENTITÉ
>
> Chaque nouvelle information amène le HP à tirer des conclusions et à réinventer sa réalité en conséquence. Son environnement change et les enseignements que le HP en tire peuvent modifier ses comportements, ses croyances, ses valeurs, la représentation qu'il se fait de lui-même, du rôle qu'il doit jouer dans ce contexte voire de sa mission de vie.
>
> La capacité d'adaptation du HP rend donc toute son identité susceptible de fluctuer selon le contexte. Mais cette tendance fait intégralement partie de son identité : sa capacité à changer est peut-être sa seule caractéristique qui ne changera pas.

> Le HP court également le risque de confondre une de ces fluctuations avec son identité propre et de développer ce que certains appellent un « faux self » : un « masque » qu'il arbore pour s'adapter dans un contexte particulier.
>
> De nombreuses techniques d'accompagnement visent alors à dénicher cette véritable identité, ce « vrai lui » caché dans les méandres de ses masques.
>
> Les tentatives de trouver son « vrai lui », pour ne pas être vaines, doivent pourtant tenir compte de la possibilité qu'il ne s'agisse pas d'un masque cachant la réelle identité du HP mais d'une facette de sa personnalité.

La vraie adaptation, pour le HP, est un subtil jeu d'équilibre entre changements et stabilité, permettant une fluctuation de son identité, certes, mais balisée par rapport aux objectifs qu'il se fixe.

L'adaptation du HP devient alors sa flexibilité intellectuelle, émotionnelle et comportementale en fonction d'un (ou plusieurs) objectif(s) dépendant du sens qu'il trouve en fonction du contexte.

Si « être comme tout le monde », peut sembler être un objectif efficace, force est de constater que ce n'est, en fait, qu'un moyen d'atteindre une finalité plus large.

La reconnaissance, le sentiment d'appartenance au groupe, la confiance en soi, l'estime de soi sont des exemples d'objectifs réellement poursuivis par le HP quand il dit vouloir être « comme tout le monde ».

Il est primordial, particulièrement pour le HP, de rester connecté avec ses objectifs, de les conscientiser, de les évaluer, d'établir des priorités en fonction du contexte.

C'est pour toutes ces raisons que le « sens » est la clé de nombreux aspects de la vie du HP : celle de sa motivation et de ses choix. Le sens est la boussole du HP : sans lui, il se perd ou ne bouge plus du tout.

C'est un défi passionnant pour le HP de se permettre de changer tout en restant lui-même et de rester lui-même au travers de ses changements.

> **À RETENIR**
> Le HP est déjà comme tout le monde : il est unique.

Conclusion
De Haut Potentiel à Hyper-Préfrontalité : « faire voler les étiquettes en éclats »

Au-delà d'un potentiel effet de mode, il y a de plus en plus de personnes qui s'identifient HP, zèbre, hpi, hpe, indigo, multipotentiel...

Cela peut s'avérer utile et rassurant de découvrir que d'autres partagent un même mode de fonctionnement, vivent des situations similaires et se posent des questions identiques. Pour autant, cela crée des étiquettes et enferme les gens dans des cases. Passé le moment de soulagement, parfois d'euphorie, de la possible détection, se pose inéluctablement la question de « et maintenant j'en fais quoi ? » qui ne trouve que trop rarement de réponse dans la littérature ou autres groupes de réseaux sociaux.

Le modèle de l'Hyper-Préfrontalité présenté dans ce livre est né de l'observation et du suivi de personnes HP. Il leur était au départ totalement dédié. Toutefois, au fur et à mesure de son élaboration, il s'est décalé de la notion de Haut Potentiel pour s'appliquer à un public plus large qui dépasse les étiquettes.

En effet, si l'hyperconnectivité neuronale du HP implique que son Hyper-Préfrontalité soit permanente, l'Hyper-Préfrontalité peut se retrouver chez tout le monde. Son intensité et sa fréquence seront plus ou moins élevées selon les personnes et les situations.

Le modèle de l'Hyper-Préfrontalité se concentre sur un mode de fonctionnement : toute personne est Hyper-Préfrontale lorsque ses modes mentaux automatique et adaptatif sont actifs en même temps.

Le monde n'est plus formé d'une équipe de HP et d'une équipe de non-HP mais d'un unique groupe composé de personnes plus ou moins grandes, plus ou moins introverties, organisées, gourmandes, créatives, timides, matinales... et plus ou moins Hyper-Préfrontales.

Ce livre est rempli de « que faire ? » qui sont des propositions qui ont fait leur preuve dans des situations vécues. Elles ne sont ni exhaustives ni universelles et nécessitent parfois un accompagnement professionnel pour être mises en œuvre. Elles soulignent que des solutions existent, celles-là ou d'autres. Chacun trouvera celle qui lui convient à la lumière du modèle.

Le présent ouvrage ne s'adresse pas qu'aux HP mais à tous les Hyper-Préfrontaux, leurs parents, leurs enfants, leurs proches, leurs collègues, leurs managers, leurs psys, leurs coachs...

Le modèle de l'Hyper-Préfrontalité se veut une nouvelle grille de lecture susceptible d'aider chaque personne, HP ou pas, à tirer tout le parti de son potentiel en fonction de ses objectifs personnels.

S'il est beaucoup fait mention des problématiques qui peuvent découler de l'Hyper-Préfrontal, cela ne signifie pas que ce mode de fonctionnement particulier implique nécessairement des difficultés.

Le monde est rempli d'Hyper-Préfrontaux épanouis, à l'aise avec eux-mêmes et leur entourage.

Si ce livre a pu vous donner des pistes pour :

- découvrir votre Hyper-Préfrontalité et comment l'utiliser efficacement,
- comprendre que l'Hyper-Préfrontalité peut être source de décalage avec les autres mais qu'elle peut aussi en être le remède,

- vous accepter en tant que personne, avec vos forces mais aussi vos faiblesses, à jouir des unes et faire évoluer les autres,
- gagner en « cohérence mentale » en laissant préfrontal et automatique se partager les tâches de la façon la plus efficace et agréable pour vous,
- tirer profit de votre sensibilité,
- vivre en harmonie avec vous-même et avec les autres,

bref, si ce livre a pu vous aider à voir que la clé de votre bien-être est en vous, à contribuer à votre épanouissement ou à celui d'un proche, d'un élève, d'un client… il aura alors également contribué à l'épanouissement des auteurs de ce livre, ce dont ils ne cesseront jamais de vous remercier.

> **BONUS TÉMOIGNAGE**
>
> Rose : « Je n'ai pourtant pas une mémoire performante, je n'ai jamais été une élève extraordinaire, je ne pense pas avoir un QI au-dessus de la moyenne, donc je ne me pensais pas HP. Je concluais donc que ce que je ressentais devait être biaisé par mes projections et mes interprétations et que mes questions n'étaient pas légitimes.
>
> Je ne comprenais pas pourquoi mon cerveau ne s'arrête jamais, pourquoi je doute et je retourne cent fois les questions posées dans un test, pourquoi je fais des liens en permanence entre les choses, entre les gens, pourquoi je rencontre des difficultés à me concentrer sur une tâche alors qu'elle est importante, pourquoi je me passionne pour tout et m'ennuie très vite quand j'ai fait le tour d'une thématique.
>
> À la lecture de ce livre, j'ai découvert un mode de fonctionnement qui me correspond, avec une explication claire, ainsi que des pistes de progression concrètes pour faire de ce fonctionnement

> parfois handicapant une force, un talent. Cette perspective a suscité l'envie d'aller plus loin et de démarrer un coaching pour passer à l'action ! »
>
> Comme Rose, on espère que vous aurez envie de comprendre pour agir.

« Si tu n'as pas appris ce que tu sais pour le mettre en œuvre, pourquoi l'as-tu appris ? »

Épictète

Remerciements

Merci à celles et ceux que nous avons rencontrés pour le partage de leurs expériences personnelles, et qui ont rendu ce livre possible.

Impossible de ne pas remercier également Camille, Voula, Saki, Alain, Mathilde, Géraldine… sans oublier Anne et Laurence, de la maison d'édition La Renaissance du Livre, pour leur confiance et leur collaboration agréable.

Merci à celles et ceux que nous n'avons pas encore pu rencontrer, nous nous faisons une joie de croiser votre route.